Die

Postscheckordnung

für das

Königreich Bayern

vom 7. Juni 1914.

Mit

Ausführungs-Vorschriften

für den Postüberweisungs- und Scheckverkehr

bei den Ämtern und Kassen der Kgl. bayer. Finanzverwaltung, bei den Stellen und Behörden der inneren Verwaltung sowie für Kultus und Unterricht, ferner bei den Gerichten und Strafanstalten.

Von

Friedrich Bauer

K. Kreiskassakontrolleur in Augsburg.

(2. Auflage von J. Stelzer, Der Postüberweisungs- und Scheckverkehr.)

1917

München, Berlin und Leipzig

J. Schweitzer Verlag (Arthur Sellier).

Druck: Dr. F. P. Datterer & Cie. (Arthur Sellier), München und Freising.

Vorwort.

Der seit 1. Januar 1909 im Deutschen Reiche eingeführte Post-Überweisungs- und Scheckverkehr war für das Reichspostgebiet durch die Postscheckordnung vom 6. November 1908 (RGBl. 1908 Nr. 54 S. 587—594) und für das Königreich Bayern durch die Postscheckordnung vom 17. November 1908 (GVBl. 1908 Nr. 73 S. 981—989), wie auch für Württemberg durch besondere Postscheckordnung gleichheitlich geregelt.

In dem Reichs-Postscheckgesetz vom 26. März 1914 (RGBl. 1914 Nr. 18 S. 85—87) sind die Grundbestimmungen sowie die rechtlichen Verhältnisse zwischen dem Postfiskus und den Kontoinhabern festgelegt. Die auf Grund desselben erlassene Postscheckordnung für das Deutsche Reich vom 22. Mai 1914 (RGBl. 1914 Nr. 28 S. 131—141) ist mit der in der Hauptsache gleichlautenden Postscheckordnung für das Königreich Bayern vom 7. Juni 1914 (GVBl. Nr. 26 S. 160—171) mit dem 1. Juli 1914 in Kraft getreten.

Welche Bedeutung diese den bargeldlosen Zahlungsverkehr fördernde Einrichtung hat und welche Vorteile sie der Geschäftswelt auch im internationalen Geldverkehr bietet, läßt sich daraus erkennen, daß bereits am 1. Februar 1910 zwischen dem Deutschen Reich und Österreich-Ungarn sowie der Schweiz, dann am 1. November 1910 mit Belgien ein Postgiroverkehr in Wirksamkeit getreten ist, der es jedem Inhaber eines Scheckkontos bei einem bayrischen Postscheckamte ermöglicht, Beträge auf ein Scheckkonto bei dem K. K. österreichischen Postsparkassenamte in Wien, oder der K. ungarischen Postsparkasse in Budapest, oder den schweizerischen Postscheckbureaus zu überweisen bzw. einem Scheckkonto-Inhaber bei einer der genannten ausländischen Verwaltungen Überweisungen auf ein bayrisches Postscheckamt in Auftrag zu geben. Ebenso konnte bis vor Kriegsausbruch jeder Inhaber eines bayrischen Postscheckkontos Beträge auf ein bei der Belgischen Nationalbank in Brüssel geführtes Konto eines Dritten überweisen oder den Inhaber eines solchen Bankkontos beauftragen, einen von ihm zu begleichenden Betrag auf ein Scheckkonto bei einem bayrischen Postscheckamt überweisen zu lassen. Der Postscheckverkehr mit der Schweiz war zu Kriegsbeginn nur vorübergehend gesperrt.

Desgleichen wird der Postgiroverkehr durch die laut Bekanntmachung des Reichskanzlers vom 23. April 1914 und des K. B. Verkehrsministeriums vom 28. April 1914 (GVBl. S. 108—112) eingeführten Postkreditbriefe — eine bei Reisen innerhalb Deutschlands jeder Privatperson bequem zugängliche Einrichtung — förderlichste Ausbreitung erfahren.

Im Gegenhalte zu dem durch das Reichs-Scheckgesetz vom 11. März 1908 (RGBl. Nr. 12 S. 71—77) geregelten Scheckverkehr, der sich gleich dem Bankgiroverkehr hauptsächlich auf die Kundschaft der Reichsbank, der K. Bayr. Bank und der größeren Privatbanken, also auf solche Bank- und Geschäftsfirmen erstreckt, die größere Geldumsätze aufzuweisen haben, ist der Postscheck- und Überweisungsverkehr jedem zugänglich, der überhaupt nur einigen Geldverkehr hat, für den er die Post beanspruchen muß. Dessen Nutzen für die Allgemeinheit, sowie Vorteil in volkswirtschaftlicher Beziehung ist also darin zu suchen, daß auch der Kleinkaufmann, Fabrikant und Handwerker teilnehmen d. h. durch Eröffnung eines Postscheckkontos seinen Geschäftsfreunden wie sich selbst, die Möglichkeit geben kann, Zahlungen in der einfachsten und billigsten Weise zu leisten und entgegenzunehmen.

Die Einfachheit beim Postscheckverkehr liegt darin, daß ein Kontoinhaber jede Zahlung bis zum Höchstbetrage seines Guthabens, ohne Bargeld selbst bereithalten zu brauchen, mittels Überweisung leisten kann, wofür auch bei Nichterhalt einer Bescheinigung der Zahlungsbeweis jederzeit erbracht zu werden vermag. Als billig ist diese Zahlungsweise deshalb zu bezeichnen, weil außer den nicht erwähnenswerten Kosten für die benötigten Vordrucke nur 3 Pfg. Überweisungsbühr für jede Überweisung (gleichviel welcher Höhe) angerechnet werden und 5 Pfg. (jetzt 7 1/2 Pfg.) Porto für den Postscheckbrief erwachsen, für Zahlkarten aber höchstens die dem Empfänger zur Last fallende Gebühr zu 5 Pfg. bzw. bei Beträgen von mehr als 25 ℳ zu 10 Pfg. mitzuentrichten ist. Mit Rücksicht auf diese äußerst gering bemessene Vergütung an das Postscheckamt findet eine Verzinsung der Guthaben nicht statt, was jedoch um so weniger von Belang erscheint, als die Mehrzahl der Kontoinhaber die Postscheckkonto nicht als eine Bank- oder Sparanlage auffassen, sondern eben immerfort und so rasch als möglich über die gemeldeten Eingänge weiter verfügen werden.

In der im Jahre 1909 erschienenen Stelzer'schen Bearbeitung war der Post-Überweisungs- und Scheckverkehr, wie er sich bei den

Ämtern und Kassen der bayrischen Finanzverwaltung zu gestalten hatte, behandelt; durch die Ministerial-Bekanntmachungen vom 21. Februar 1910, 11. August 1910 und 28. Dezember 1910 ist derselbe auf die Behörden und Kasseverwaltungen, die den übrigen Zivilstaatsministerien unterstellt sind, ausgedehnt und durch sonstige Vorschriften verallgemeinert worden.

Wenn schon durch die veränderte Fassung der Postscheckordnung selbst die Neubearbeitung des Werkes sich als notwendig erwiesen hat, so war infolge der Ausdehnung des Post-Überweisungsverkehrs auf die Gesamtheit der staatlichen und öffentlichen Kassen noch besonders zu berücksichtigen, daß nicht ein für den Dienst der bayrischen Finanzkassen allein, sondern auch ein für die sonst beteiligten Behörden brauchbares Handbuch geboten werden wollte. Durch die beim Postscheck- und Überweisungsverkehr dieser Kassen und Behörden in gewisser Hinsicht bestehenden Abweichungen und Einschränkungen wird vielfach der allgemeine Kasse- und Zahlungsdienst berührt; der Vollständigkeit halber enthält das Handbuch sowohl die hierauf einschlägigen und solche Vorschriften, die mittelbar, wie beispielsweise jene über Zahlungen im Postanweisungsverkehr, die Sachbehandlung beeinflussen, als auch Erläuterungen, für deren aus dem Geschäftsbrauche gegriffene Nutzanwendbarkeit die Erfahrung einzustehen vermag.

Die Einteilung und Ordnung des Stoffes ist derart gestaltet, daß im allgemeinen Teil unter A und B das Postscheckgesetz und die Postscheckordnung mit den postalischen Ausführungsbestimmungen wiedergegeben und mit Anmerkungen, wie sie für jede mit der Sache befaßte Person wissenswert erscheinen, versehen sind, während die in ihrer Vollständigkeit beigegebenen Vordrucke mit den darin bildlich gebotenen Beispielen ergänzend darstellen sollen, in welchen Formen sich die Ausführung zu bewegen hat. Weiters dürften die unter C, D und E aufgenommenen Vorschriften für den staatlichen Dienst mit den unter F angefügten Erläuterungen zum Gegenkonto den beteiligten Beamten dazu dienen, sich die einschlägigen Vorschriften gegenwärtig zu halten und unter Benützung des beigefügten, nach Schlagworten geordneten alphabetischen Sachregisters über die Sachbehandlung leichter zu unterrichten.

Möge dieses Handbuch in der erweiterten Neuauflage, seine Zweckbestimmung erfüllend, sich Freunde erwerben.

Augsburg, im April 1917.

F. Bauer.

Inhaltsverzeichnis.

Beilagen.

Abkürzungen.

AB. = Ausführungsbestimmungen.
Beil. = Beilage.
BGB. = Bürgerliches Gesetzbuch.
DA. = Bayer. Post- und Telegraphen-Dienstanweisung.
FMBek. = Finanzministerial-Bekanntmachung.
FMBl. = „ -Blatt.
FME. = „ -Entschließung.
GVBl. = Gesetz- und Verordnungsblatt.
JMBek. = Justizministerial-Bekanntmachung.
JMBl = „ -Blatt.
JME. = „ -Entschließung.
KMBek. = Kultusministerial-Bekanntmachung.
KMBl. = „ -Blatt.
KME. = „ -Entschließung.
OPD. = Oberpostdirektion und Oberpostdirektionen.
PO. = Postordnung.
PSchA. = Postscheckamt.
PSchÄ. = Postscheckämter.
PSchG. = Postscheckgesetz.
PSchO. = Postscheckordnung.
PV. = Verkehrsministerialblatt, postdienstlicher Teil.
RGBl. = Reichsgesetzblatt.

Berichtigungen.

An Stelle der treffenden Orts angezogenen Vorschriften der Postordnung für das Königreich Bayern tritt die neue Fassung vom 24. März 1917 GVBl. 1917 Beilage zu Nr. 21.

A.

Postscheckgesetz.

Vom 26. März 1914.

(RGBl. 1914 Nr. 18 S. 85 ff.).

Wir Wilhelm, von Gottes Gnaden Deutscher Kaiser, König von Preußen rc. verordnen im Namen des Reichs, nach erfolgter Zustimmung des Bundesrats und des Reichstags, was folgt:

§ 1.

Zum Postscheckverkehr werden die natürlichen und juristischen Personen, die Handelsgesellschaften, Vereinigungen und Anstalten, auch soweit sie nicht juristische Personen sind, sowie die öffentlichen Behörden durch Eröffnung eines Kontos bei einem Postscheckamt[1]) zugelassen.

---

[1]) In Bayern sind PSchA. eingerichtet in:

1. München für die OPD-Bezirke Augsburg, Landshut und München;
2. Nürnberg für die OPD-Bezirke Bamberg, Nürnberg, Regensburg und Würzburg;
3. Ludwigshafen a. Rh. für den OPD-Bezirk Speyer.

Innerhalb des Reichspostgebiets sind PSchA. eingerichtet in:

1. Berlin für die OPD-Bezirke Berlin, Frankfurt (Oder), Magdeburg, Potsdam und Stettin;
2. Danzig für die OPD-Bezirke Bromberg, Danzig und Köslin;
3. Breslau für die OPD-Bezirke Breslau, Liegnitz, Oppeln und Posen;
4. Leipzig für die OPD-Bezirke Chemnitz, Dresden, Erfurt, Halle (Saale) und Leipzig;
5. Hamburg für die OPD-Bezirke Bremen, Hamburg, Kiel und Schwerin (Mecklb.);
6. Hannover für die OPD-Bezirke Braunschweig, Hannover, Minden (Westf.) und Oldenburg (Grhzgt.);
7. Cöln für die OPD-Bezirke Aachen, Coblenz, Cöln, Dortmund, Düsseldorf, Münster (Westf.) und Trier;

§ 2.

Auf jedem Konto muß, solange es besteht, eine Stammeinlage[1]) von 25 Mark gehalten werden.

Die Guthaben der Kontoinhaber werden nicht verzinst.

§ 3.

Dem Konto werden gutgeschrieben:

a) die Stammeinlage,

b) die mittels Zahlkarte eingezahlten Beträge,

c) die von einem anderen Postscheckkonto überwiesenen Beträge.

§ 4.

Der Kontoinhaber kann über sein Guthaben, soweit es die Stammeinlage übersteigt, in beliebigen Teilbeträgen durch Überweisung auf ein anderes Postscheckkonto oder mittels Schecks jederzeit verfügen.

§ 5.

Die Gebühren betragen:

1. für eine Einzahlung mittels Zahlkarte
   a) bei Beträgen bis 25 ℳ . . . . . . 5 Pf.,
   b) bei Beträgen von mehr als 25 ℳ . . . 10 Pf.,
2. für jede Auszahlung eine feste Gebühr von . 5 Pf., und außerdem eine Steigerungsgebühr von 1/10 vom Tausend des auszuzahlenden Betrags,
3. für jede Überweisung von einem Postscheckkonto auf ein anderes . . . . 3 Pf.,

Die Gebühren zu 1 sind vom Zahlungsempfänger, die Gebühren zu 2 und 3 vom Auftraggeber zu entrichten.

Die Gebühren können mit Zustimmung des Bundesrats durch den Reichskanzler herabgesetzt werden.

---

8. Frankfurt (Main) für die OPD-Bezirke Cassel, Darmstadt und Frankfurt (Main);
9. Königsberg für die OPD-Bezirke Gumbinnen und Königsberg;
10. Karlsruhe (Baden) für die OPD-Bezirke Karlsruhe (Baden), Konstanz, Metz und Straßburg (Els.).

Die Königlich Württembergische Postverwaltung hat ein PSchA. eingerichtet in Stuttgart.

Eine Beschränkung der Konto-Eröffnung auf einen der vorbestimmten für seinen Wohn- oder Geschäftssitz zuständigen Bezirke besteht nicht; vielmehr kann eine Person je nach Bedarf sich Postscheckkonti bei verschiedenen PSchA. eröffnen lassen.

[1]) Die Abminderung der Stammeinlage von 50 ℳ auf 25 ℳ in § 2 Abs. 1 des PSchG. und in § 1 Abs. 5 der PSchO. (Seite 8) stützt sich auf

§ 6.

Die Sendungen der Postscheckämter und Postanstalten an die Kontoinhaber, sowie die Sendungen dieser Ämter und Anstalten untereinander werden in Postscheckangelegenheiten portofrei befördert. Die Briefe der Kontoinhaber an die Postscheckämter unterliegen der Gebühr im Ortsverkehr (§ 50 Ziffer 7 des Gesetzes über das Postwesen des Deutschen Reichs vom 28. Oktober 1871; Reichs-Gesetzbl. S. 347). Für die Versendung sind besondere Briefumschläge (§ 10 Ziffer 2 dieses Gesetzes) zu benutzen. Werden andere Briefumschläge benutzt, so unterliegen die Sendungen dem gewöhnlichen Briefporto.

§ 7.

Auskunft über das Scheckguthaben darf nur in den im § 5 des Gesetzes über das Postwesen des Deutschen Reichs vom 28. Oktober 1871 (Reichs-Gesetzbl. S. 347) angegebenen Ausnahmefällen sowie in entsprechender Anwendung des § 3 Abs. 4 und des § 9 des Reichsschuldbuchgesetzes[1]) (in der Fassung der Bekanntmachung

---

das Reichsgesetz vom 30. Mai 1917 (RGBl. Nr. 104 Seite 469) und die MinBek. vom 5. Juni 1917 (GVBl. Nr. 30 Seite 170). Damit sind auch die besonderen Vorschriften, soweit sie von der Stammeinlage handeln, als auf den abgeminderten Betrag von 25 ℳ einschlägig anzusehen (vgl. Seite 62, 77, 82, 96, 99 und 104).

[1]) Die angeführten Bestimmungen des Reichsschuldbuchgesetzes lauten:

§ 3.

In dem Reichsschuldbuch sind auch die in dem Schuldverhältnis eintretenden Veränderungen zu vermerken.

Für die zu verschiedenen Zinssätzen erfolgenden Eintragungen können getrennte Bücher angelegt werden.

Von dem Reichsschuldbuch ist eine Abschrift zu bilden und getrennt aufzubewahren.

Über den Inhalt des Reichsschuldbuchs darf nur den in § 9 aufgezählten Personen sowie dem Gegenvormunde, dem Beistand und bezüglich der im § 5 unter Nr. 3 und 4 bezeichneten Gläubiger den zur Revision ihrer Kassen berechtigten öffentlichen Behörden oder sonstigen Personen, letzteren aber nur, falls ihre Berechtigung zur Kassenrevision durch eine öffentliche Behörde bescheinigt ist, Auskunft erteilt werden.

§ 5.

Als Gläubiger können nur eingetragen werden:

1. einzelne physische Personen,
2. einzelne Handelsfirmen,
3. einzelne eingetragene Genossenschaften und einzelne eingeschriebene Hilfskassen, welche im Gebiete des Deutschen Reichs ihren Sitz haben, sowie einzelne juristische Personen,
4. einzelne Vermögensmassen, wie Stiftungen, Anstalten, Familienfideikommisse, deren Verwaltung von einer öffentlichen

vom 31. Mai 1910, Reichs-Gesetzbl. S. 840) erteilt werden. Bei Pfändung des Guthabens im Wege der Zwangsvollstreckung oder des Arrestes darf auch dem pfändenden Gläubiger Auskunft erteilt werden (§ 840 der Zivilprozeßordnung).

§ 8.

Der Kontoinhaber kann jederzeit aus dem Postscheckverkehr scheiden. Die Postverwaltung kann das Konto bei mißbräuchlicher Überziehung des Guthabens aufheben.

§ 9.

Die Postverwaltung haftet dem Kontoinhaber für die ordnungsmäßige Ausführung der bei dem Postscheckamt eingegangenen Aufträge nach den allgemeinen Vorschriften des bürgerlichen Rechtes

---

Behörde oder unter deren Aufsicht geführt wird, oder deren Verwalter ihre Verfügungsbefugnis über die Masse durch eine gerichtliche oder notarielle Urkunde nachweisen.

Einem Gläubiger wird für eine jede der verschieden verzinslichen Anleihen nicht mehr als ein Konto im Reichsschuldbuch eröffnet.

§ 9.

Zur Stellung von Anträgen auf Übertragung eingetragener Forderungen auf ein anderes Konto, auf Eintragung und auf Löschung von Vermerken über Veränderungen im Schuldverhältnisse (§ 3 Abs. 1) sowie auf Ausreichung von Reichsschuldverschreibungen gegen Löschung der eingetragenen Forderung sind nur berechtigt:

1. der eingetragene Gläubiger,
2. sein gesetzlicher Vertreter oder sein Bevollmächtigter,
3. der Konkursverwalter,
4. derjenige, auf welchen die eingetragene Forderung von Todes wegen übergegangen ist,
5. die gemäß § 7 eingetragene zweite Person,
6. der Testamentsvollstrecker,
7. der Nachlaßverwalter (BGB. §§ 1981 ff.),
8. im Falle der fortgesetzten Gütergemeinschaft der überlebende Ehegatte.

Derjenige, für welchen ein Nießbrauch oder ein sonstiges Recht zum Zinsgenuß eingetragen ist, kann ohne Zuziehung des Gläubigers Anträge in bezug auf den zum Empfange der Zinsen Berechtigten stellen.

Zur Stellung von Anträgen für eine Firma gilt für berechtigt, wer zur Zeichnung der Firma berechtigt ist, zur Stellung von Anträgen für die im § 5 Nr. 4 erwähnten Vermögensmassen die dort genannte Behörde oder die von ihr bezeichnete Person oder die gemäß § 5 Nr. 4 zur Verfügung über die Masse befugten Verwalter. Als gesetzlicher Vertreter einer juristischen Person, die nicht im Gebiete des Deutschen Reichs ihren Sitz hat, gilt, wer seine Vertretungsbefugnis nach den vom Bundesrate beschlossenen Ausführungsbestimmungen nachgewiesen hat.

über die Haftung des Schuldners für die Erfüllung seiner Verbindlichkeit. Sie haftet nicht für die rechtzeitige Ausführung der ihr erteilten Aufträge.

Der Anspruch gegen die Postverwaltung verjährt in zwei Jahren. Die Verjährung beginnt mit dem Schlusse des Jahres, in dem der Auftrag dem zuständigen Postscheckamt zugegangen ist.

Für Zahlkartenbeträge haftet die Postverwaltung dem Absender in gleicher Weise wie für Postanweisungen.

§ 10.

Die weiteren Anordnungen zur Regelung des Postscheckverkehrs erläßt der Reichskanzler. Er bestimmt insbesondere:

1. die allgemeinen Grundsätze für den Ausweis der nach § 1 zum Postscheckverkehr zuzulassenden Teilnehmer sowie für die Bezeichnung der Konten,
2. die zu verwendenden Formulare und den Preis der von der Postverwaltung zu beziehenden Formulare; die Formulare zu Zahlkarten und die im § 6 bezeichneten Briefumschläge können auch von der Privatindustrie hergestellt werden,
3. den Höchstbetrag der Zahlkarten und Schecks,
4. die Voraussetzungen, unter denen den Konten auf anderem als dem im § 3 erwähnten Wege Beträge zugeführt werden können, und unter denen der Kontoinhaber in anderer als der im § 4 erwähnten Weise über sein Guthaben verfügen kann,
5. die Geschäfte, die bei weiterer Ausgestaltung des Postscheckverkehrs zuzulassen sind,
6. die Anlegung der im Postscheckverkehr aufkommenden Gelder,
7. die Art der Benachrichtigung der Kontoinhaber über die Ausführung der Aufträge und den Stand der Guthaben.

Werden die Anordnungen geändert, so sind die neuen Vorschriften auch auf die bereits bestehenden Postscheckkonten anzuwenden.

Die nach diesen Bestimmungen erlassenen Vollzugsanordnungen sind dem Reichstage zur Kenntnis zu bringen. Ferner ist alljährlich mit dem Etat des Reichshaushaltes eine genaue monatliche Nachweisung über die Anlegung der im Postscheckverkehr aufkommenden Gelder vorzulegen.

§ 11.

Der § 2 und die §§ 5, 6 und 10 gelten nicht für den innern Verkehr der Königreiche Bayern[1]) und Württemberg.

§ 12.

Dieses Gesetz tritt am 1. Juli 1914 in Kraft.

Urkundlich unter Unserer Höchsteigenhändigen Unterschrift und beigedrucktem Kaiserlichen Insiegel.

Gegeben Venedig, den 26. März 1914.

(L. S.) **Wilhelm.**

von Bethmann Hollweg.

---

[1]) Ihre rechtliche Wirkung leitet diese Bestimmung von dem bestehenden Postreservatrechte ab. Da in der Bayer. Postscheckordnung vom 7. Juni 1914 (vgl. § 1 Abs. V, § 2 Abs. XIII, § 6 Abs. VII, § 11 Abs. I u. III sowie § 13) gleichlautende Bestimmungen, wie in den angezogenen Gesetzesparagraphen, enthalten sind bzw. § 10 Abs. 1 u. 3 sich lediglich auf die Zuständigkeit zum Erlaß der Ausführungsvorschriften bezieht, so ist der Vorbehalt für den bayerischen Post-überweisungs- und Scheckverkehr als einflußlos zu erachten.

B.

K. Staatsministerium für Verkehrsangelegenheiten.

Bekanntmachung, die Postscheckordnung für das Königreich Bayern vom 7. Juni 1914 betreffend.

Mit Allerhöchster Genehmigung wird nachstehende Postscheckordnung für das Königreich Bayern unter dem Beifügen bekanntgegeben, daß sie an die Stelle der Postscheckordnung vom 17. November 1908 (GVBl. S. 982 ff.) nebst Ergänzungen tritt.

München, den 9. Juni 1914.

von Seidlein.

Postscheckordnung für das Königreich Bayern.

Vom 7. Juni 1914.

(GVBl. 1914 Nr. 26 S. 160—171.

I. Allgemeines.

§ 1.

I Der Antrag auf Eröffnung eines Postscheckkontos ist an ein Postscheckamt oder an eine Postanstalt zu richten.

II Gesellschaften, Vereine, Genossenschaften usw., die nicht im Register der Handelsfirmen, Vereine, Genossenschaften usw. eingetragen sind, haben mit dem Antrag ihre Satzungen vorzulegen.

III Jedes Postscheckamt führt eine Liste der Kontoinhaber. Die Postverwaltung veröffentlicht ein Verzeichnis der Kontoinhaber.

IV Die Höhe des Guthabens eines Kontos ist nicht beschränkt. Ändert sich das Guthaben, so wird der Kontoinhaber vom Postscheckamt durch einen Kontoauszug benachrichtigt.

V **Auf jedem Konto muß, solange es besteht, eine Stammeinlage von 25 ℳ[1]) gehalten werden. Die Guthaben der Kontoinhaber werden nicht verzinst.**

Zu § 1. (Vgl. hiezu Anmerkung zu § 1 des PSchG. S. 1 und 2).

Abs. I. Zu den Anträgen auf Eröffnung eines Postscheckkontos dienen in der Regel die amtlich hergestellten Vordrucke. Die Vordrucke werden bei den Postanstalten vorrätig gehalten und an das Publikum unentgeltlich verabfolgt.

Der Antragsteller hat den ausgefüllten Vordruck oder das sonstige den Antrag enthaltende Schriftstück bei der Postanstalt offen und unfrankiert abzugeben. Geht bei einer Postanstalt der Antrag in einem unfrankierten Briefe ein, so wird kein Porto erhoben.

Wohnt der Antragsteller im Landzustellbezirke, so kann er den ausgefüllten Vordruck dem Landpostboten zur Abgabe an die Postanstalt geben.

Der Antrag auf Eröffnung eines Kontos für eine Handelsfirma, juristische Person oder sonstige Vereinigung oder Anstalt ist von den Personen zu stellen, die befugt sind, die Firma, juristische Person, Vereinigung oder Anstalt rechtsverbindlich zu vertreten.

Das nähere ergibt sich aus der PO. § 39 Beil. 18 I. Teil (GVBl. 1900 S. 266).

Eine Ehefrau kann die Eröffnung eines Kontos auf ihren Namen in der Regel nur mit Zustimmung des Ehemanns beantragen.

Die Eröffnung eines Kontos für einen Minderjährigen oder Entmündigten kann nur vom gesetzlichen Vertreter beantragt werden. Ausnahme s. BGB. § 112.

Abs. II. Die Vertreter solcher nicht eingetragenen Vereine usw. müssen durch glaubhafte Schriftstücke (PO. § 39 Beil. 18 I. Teil Ziff. 4) nachweisen, daß sie in der durch die Satzung vorgeschriebenen Form zur Vertretung berufen worden sind. Auf Verlangen des PSchA. muß ein amtliches Zeugnis hierüber vorgelegt werden.

Der Agentur einer Gesellschaft oder Anstalt kann, wenn die Agentur nicht im Verzeichnis der Handelsfirmen eingetragen ist, ein Konto nur auf den persönlichen Namen des Agenten eröffnet werden. Wünscht der Agent, daß er auf dem Konto auch als Agent der Gesellschaft oder Anstalt bezeichnet werde, so wird dem Antrage stattgegeben, wenn die Gesellschaft oder Anstalt auf Anfrage des PSchA. sich hiermit schriftlich einverstanden erklärt. Hält das PSchA. eine einfache Anfrage nicht für ausreichend, so hat der Agent durch Vorlegung einer amtlich beglaubigten Urkunde nachzuweisen, daß die Gesellschaft mit der Eröffnung des Kontos unter obiger Bezeichnung einverstanden ist.

Anträgen von Versicherungsgesellschaften, daß bei Eröffnung von Postscheckkonten für ihre Generalagenturen der Name der Generalagenten in die Bezeichnung des Kontos nicht aufgenommen werde, ist zu entsprechen.

Abs. III. Das Verzeichnis der Kontoinhaber wird jährlich im Januar neu herausgegeben. Im Mai und September erscheint je ein Nachtrag, der den Bestellern des Verzeichnisses kostenlos geliefert wird.

---

[1]) S. auch Anm. 1 auf S. 2.

Das Verzeichnis ist bei jeder Postanstalt und bei jedem PSchA. käuflich. Bestellungen werden am Schalter entgegengenommen, wo auch Auskunft über den Preis erteilt wird. Bei den Postanstalten, denen das Verzeichnis zum Dienstgebrauch überwiesen ist, sowie bei den PSchA. kann es am Schalter eingesehen werden. Den Kontoinhabern werden auf Antrag Verzeichnis und Nachträge regelmäßig nach dem Erscheinen vom PSchA. unter Abbuchung des Preises von ihrem Konto geliefert.

Abs. IV. Die Kontoauszüge werden werktäglich nach Beendigung des Buchungsgeschäftes ausgefertigt und abends abgesandt, so daß sie in der Regel am nächsten Vormittag in die Hand der Kontoinhaber gelangen.

Im Laufe des Tages wird über den Stand des Guthabens keine Auskunft erteilt. Nur in dringenden Fällen ist das PSchA. berechtigt, Aufschluß darüber zu geben, ob eine einzelne vom Kontoinhaber genau bezeichnete Gut- oder Lastschrift ausgeführt ist.

Abs. V. Es ist zweckmäßig, die Stammeinlage erst dann einzuzahlen, wenn das PSchA. die Eröffnung des Kontos und die Kontonummer mitgeteilt hat.

Mit der mittels Zahlkarte (vgl. § 2) zu vollziehenden Erst-Einzahlung sind sogleich die Kosten für bestellte Scheckhefte, Zahlkarten und sonstige Vordrucke zu begleichen.

Ein Kreditbriefkonto nach § 21a der Postordnung für das Deutsche Reich und § 18a der PO. für das Königreich Bayern (GVBl. 1914 S. 108 u. 110) kann bei dem für den Einzahlungsort zuständigen Postscheckamte angelegt werden, das nach viermonatlicher Gültigkeitsdauer des Postkreditbriefes, falls ein Restguthaben besteht, durch Rückzahlung des letzteren wieder aufzulassen ist. Siehe Anhang S. 53 u. 54.

II. Einzahlungen.

§ 2.

Einzahlungen durch Zahlkarte.

I Durch Zahlkarte können auf ein Postscheckkonto Beträge in beliebiger Höhe eingezahlt werden.

II Die Zahlkarten werden zum Preise von 5 Pf. für je 10 Stück verabfolgt. Einzelne Zahlkarten werden am Schalter der Postanstalten an das Publikum unentgeltlich abgegeben.

III Geschäftsblätter mit anhängender Zahlkarte werden von den Postscheckämtern zum Preise von 50 Pf. für je 50 Stück verabfolgt.

IV Die Zahlkarten (II, III) können auch durch die Privatindustrie hergestellt werden; sie müssen in der Größe, Farbe und Stärke des Papiers sowie im Vordrucke mit den durch die Post ausgegebenen Zahlkarten genau übereinstimmen.

V Die Zahlkarte muß entweder durch Druck, mit der Schreibmaschine usw. oder handschriftlich mit Tinte ausgefüllt werden. Der Betrag ist in der Reichswährung einzutragen. Die Marksumme muß in Ziffern und in Buchstaben ausgedrückt sein. Auch

der mit der Zahlkarte verbundene Einlieferungschein ist vom Einzahler auszufüllen.

VI Der Abschnitt der Zahlkarte dient zu Mitteilungen an den Kontoinhaber.

VII Nach Einzahlung des Betrags wird der Postvermerk auf dem Einlieferungsscheine vollzogen.

VIII Der eingezahlte Betrag wird dem in der Zahlkarte angegebenen Postscheckkonto gutgeschrieben. Das Postscheckamt übersendet dem Kontoinhaber nach der Gutschrift den Abschnitt der Zahlkarte.

IX Kann die Zahlkarte beim Postscheckamt nicht gutgeschrieben werden, weil ein Konto unter der in der Zahlkarte angegebenen Bezeichnung nicht geführt wird, oder weil der Kontoinhaber wegen unzureichender Adresse nicht sicher erkennbar ist, so wird eine Unbestellbarkeitsmeldung erlassen, damit der Absender die Angaben der Zahlkarte berichtige oder die Rückzahlung des Betrags beantrage. Der Betrag wird dem Absender ohne Unbestellbarkeitsmeldung zurückgezahlt, wenn ein Konto für den Empfänger beim Postscheckamt bestanden hatte, aber erloschen ist.

Für die Beförderung der Unbestellbarkeitsmeldung und der Antwort hat der Absender 20 Pf. an die Aufgabepostanstalt zu zahlen.

X Den Postboten können auf ihren Landzustellgängen Zahlkarten bis 800 ℳ zur Ablieferung an die Postanstalt übergeben werden. Für das Verfahren gilt die Postordnung vom 27. März 1900 § 26, IV ff. Für jede dem Postboten übergebene Zahlkarte ist im voraus eine Einlieferungsgebühr zu entrichten, die bei Zahlkarten bis 25 ℳ 5 Pf., von mehr als 25 ℳ bis 800 ℳ 10 Pf. beträgt.

XI Bei den Posthilfsstellen können Zahlkarten bis 800 ℳ unter den in der Postordnung § 26, VII für Postanweisungen angegebenen Bedingungen zur Weitergabe an den Postboten niedergelegt werden.

XII Der Absender kann eine eingelieferte Zahlkarte unter den Voraussetzungen der Postordnung § 32 zurücknehmen, so lange der Betrag dem Konto des Empfängers noch nicht gutgeschrieben ist.

XIII Für jede Zahlkarte hat der Zahlungsempfängers eine Gebühr zu entrichten und zwar:

a) bei Beträgen bis 25 ℳ . . . . 5 Pf.,
b) bei Beträgen von mehr als 25 ℳ . . . 10 Pf.,

Zu § 2.

Abs. I. Die Beschränkung bei Einzahlungen mittels einer Zahlkarte auf den Höchstbetrag von 10000 ℳ, wie sie nach § 3 Abs. 1 der PSchO. vom 17. November 1908 gegeben war, besteht nicht mehr.

Abs. II. Die Zahlkarte wird nach Beil. 1 hergestellt. Bei Abnahme größerer Mengen wird den Kontoinhabern Preisermäßigung nach Beil. 2 gewährt.

Die Zahlkarten können zu Einzahlungen bei allen Postanstalten und PSchA. innerhalb des Deutschen Reichs benutzt werden.

Zur Einzahlung der Beiträge für die Angestelltenversicherung sind besondere Zahlkarten nach Beil. 3 zu benutzen. Die Beiträge sind von den Arbeitgebern demjenigen Postscheckkonto der Reichsversicherungsanstalt für Angestellte in Berlin-Wilmersdorf beim PSchA. in Berlin zuzuführen, das die Bezeichnung des OPD-Bezirkes trägt, in dem der Wohnort des Arbeitgebers liegt. Bei den einzelnen Postanstalten werden lediglich Zahlkarten mit dem Vordrucke des OPD.-Bezirks vorrätig gehalten, in dem die Postanstalt liegt. [1])

Abs. III. Das Geschäftsblatt mit anhängender Zahlkarte wird nach Beil. 4 hergestellt. Wegen Preisermäßigung bei Abnahme größerer Mengen vgl. Beil. 2.

Abs. IV. Muster zu Zahlkarten sind von den PSchA. zu beziehen. Zur Vermeidung von Weiterungen empfiehlt es sich, vor der Herstellung einer neuen Auflage einen Probeabdruck dem PSchA. zur Prüfung einzusenden.

Bei den durch die Privatindustrie hergestellten Zahlkarten kann in dem für die Kontonummer vorgesehenen Raume die Schraffierung fehlen, wenn auf dem Hauptteile der Zahlkarte die Kontonummer mit vorgedruckt wird.

Abs. V. Um Irrtümer beim Buchen der Zahlkarten zu vermeiden, empfiehlt es sich, möglichst nur solche Zahlkarten zu benutzen, auf denen die Kontonummer, der Name und Wohnort des Kontoinhabers sowie der Name des PSchA. vorgedruckt sind. Diesen Vordruck führt auf Antrag des Kontoinhabers auch das PSchA. aus. Die Druckkosten sind in Beil. 2 zusammengestellt.

Abs. VII. Die Rückseite des Einlieferungscheins kann im voraus handschriftlich oder durch Druck mit Vermerken oder Abbildungen versehen werden.

Die Beträge der Zahlkarten können auch durch Bankschecks im Postgiroweg bezahlt werden. Vgl. DA. IX, 3 § 10.

Abs. X. Der Landpostbote darf Beträge, die durch Zahlkarte übermittelt werden sollen, nur dann vom Publikum entgegennehmen, wenn ihm mit dem Betrag auch die ausgefüllte Zahlkarte übergeben wird.

Abs. X und XI. Wo ein Bedürfnis vorliegt, werden einzelne Zahlkarten durch die Landpostboten und die Posthilfstellen an das

[1]) Die Beiträge für die Angestelltenversicherung können nach § 7 Abs. V der PSchO. auch durch Überweisung (Beilage 14) entrichtet werden. Für die Zahlung und Verrechnung der Beiträge des Staates zur Angestelltenversicherung ist die MinBek. vom 3. Februar 1914 — Ziff. 3 — (FMBl. 1914 S. 42—44) maßgebend. Die Postgebühren, nämlich 12 Pf. für jede Zahlkarte und je 5 Pf. für die Überweisung sind vom Staate als Auftraggeber zu tragen, ohne daß ein Ersatzanspruch gegen die Angestellten besteht (Min.-Entschl. vom 20. Februar 1914 (FMBl. S. 99—100).

Publikum unentgeltlich abgegeben. Welche Landpostboten und Posthilfstellen mit einem kleinen Bestand an Zahlkarten auszustatten sind, bestimmen die Vorstände der Zustellungspostanstalten und für unterstellte Postagenturen die Vorstände der Abrechnungspostanstalten.

Abs. XIII. Nach § 9 der älteren PSchO. hat die Gebühr für Bareinzahlungen für je 500 ℳ oder einen Teil dieser Summe 5 Pf. betragen.

§ 3.

Telegraphische Zahlkarten.

I Zahlkarten bis 3000 ℳ können auf Antrag des Absenders dem Postscheckamt, bei dem das Konto des Empfängers geführt wird, telegraphisch übermittelt werden. Für die telegraphischen Zahlkarten gilt die Postordnung § 18 sinngemäß.

II Der Kontoinhaber wird durch das Postscheckamt von der Gutschrift in der gewöhnlichen Weise (§ 1, IV) benachrichtigt. Auf Antrag des Absenders wird der Kontoinhaber von der Aufgabepostanstalt telegraphisch benachrichtigt.

III Besondere für den Empfänger bestimmte Mitteilungen hat der Absender auf dem Abschnitte der Zahlkarte niederzuschreiben; sie werden durch das Zahlkartentelegramm dem Postscheckamt mitgeteilt und von diesem in der gewöhnlichen Weise (§ 1, IV) an den Empfänger weitergegeben. Hat der Absender die telegraphische Benachrichtigung des Empfängers gewünscht, so werden die Mitteilungen in das Benachrichtigungstelegramm aufgenommen.

IV An Gebühren werden erhoben:

1. **die Zahlkartengebühr,**
2. **die Telegrammgebühren für das Zahlkarten- und für das Benachrichtigungstelegramm, ferner zutreffendenfalls**
3. **das Porto- und die Einschreibgebühr für die Beförderung der Telegramme von der Aufgabepostanstalt bis zur nächsten Telegraphenanstalt,**
4. **die Eilbotengebühr für die Zustellung des Benachrichtigungstelegramms an den Kontoinhaber.**

Die Zahlkartengebühr wird vom Konto des Empfängers abgebucht, die übrigen Gebühren sind vom Absender zu entrichten.

Zu § 3.

Abs. I bis III. Das Zahlkartentelegramm und das Benachrichtigungstelegramm sind nach folgenden Mustern abzufassen:

1. Zahlkartentelegramm:

Zahlkarte 204.
Postscheckamt München.
Neumann zweihundertfünfundsiebzig Mark 50 Pf.
Konto 1525 Max Fischer Augsburg.

2. Benachrichtigungstelegramm:

Max Fischer

Bahnhofstraße 5

Augsburg

Neumann zahlt telegraphisch zweihundertfünfundsiebzig Mark 50 Pf. auf Ihr Postscheckkonto München 1525.

Postamt.

Werden von einem Absender gleichzeitig mehrere telegraphische Zahlkarten für ein Konto aufgeliefert, so wird für jede Zahlkarte ein besonderes Zahlkartentelegramm gefertigt. Das Benachrichtigungstelegramm umfaßt den eingezahlten Gesamtbetrag.

§ 4.

Überweisung von Post- und Zahlungsanweisungen und von Beträgen, die durch Postauftrag oder Nachnahme[1]) eingezogen worden sind.

I Der Kontoinhaber kann bei der Postanstalt, durch die er seine Postsendungen erhält, beantragen, daß die für ihn eingehenden oder auch einzelne bereits eingegangene Post- und Zahlungsanweisungen seinem Postscheckkonto gutgeschrieben werden.

II Die Postanstalt fertigt über den Gesamtbetrag der für den Kontoinhaber gleichzeitig vorliegenden Post- und Zahlungsanweisungen täglich eine Zahlkarte. Die Abschnitte der Post- und Zahlungsanweisungen stellt die Postanstalt dem Kontoinhaber gebührenfrei zu.

III Die durch Postauftrag eingezogenen Beträge werden dem Postscheckkonto des Auftraggebers oder eines Dritten mit Zahlkarte überwiesen, wenn der Auftraggeber Postaufträge mit anhängender Zahlkarte benutzt. Die Zahlkarte ist von ihm auszufüllen.

Wird die Überweisung auf das Postscheckkonto eines Dritten beantragt, so hat der Auftraggeber am Fuße der Vorderseite des Postauftrags zu vermerken:

„Zahlkarte PSchA (Ort) .... Konto Nr. ... N. .... in M. ....“

und auf dem Abschnitte der Zahlkarte seinen Namen anzugeben.

IV Die durch Nachnahme eingezogenen Beträge werden dem Postscheckkonto des Absenders oder eines Dritten mit Zahlkarte überwiesen, wenn der Absender der Sendung eine ausgefüllte Zahl-

---

[1]) Die Bestimmungen über die durch Nachnahme (Abs. IV und durch Postauftrag (Abs. III) eingezogenen Beträge stützen sich auf die geänderte Postordnung vom 27. März 1900 zu § 19 Ziff. VIII Abs. 2 und § 41 Ziff. III Abs. 2 (GVBl. 1910 S. 275 u. 276 sowie S. 1235) bzw. auf die durch Bekanntmachung vom 24. März 1910 (GVBl. S. 150/51) geänderte Postscheck-Ordnung (§ 4 Ziff. IV vom 17. November 1908).

karte beigefügt hat. Bei Paketen oder Karten mit Nachnahme hat der Absender Nachnahme-Paketkarten und Nachnahmekarten mit anhängender Zahlkarte zu benutzen. Bei Nachnahmepaketen ist auf dem Paket in der Aufschrift unmittelbar unter der Angabe des Nachnahmebetrags zu vermerken:

„Zahlkarte PSchA (Ort) . . . Konto Nr. . . . N. . . . . in M. . . .“.

Bei Briefen usw. mit Nachnahme hat der Absender blaue Nachnahmezahlkarten (mit Klebeleiste) zu verwenden. Unmittelbar unter der Angabe des Nachnahmebetrags ist auf diesen Sendungen zu vermerken:

„Zahlkarte PSchA (Ort) . . . Konto Nr. . . . N. . . . . in M. . . .“.

Wird die Überweisung auf das Postscheckkonto eines Dritten beantragt, so hat der Absender auf dem Abschnitte der Zahlkarte seinen Namen anzugeben.

V Die Postaufträge zur Geldeinziehung und zum Postprotest mit anhängender Zahlkarte, die Nachnahme-Paketkarten und die Nachnahmekarten mit anhängender Zahlkarte sowie die blauen Nachnahmezahlkarten werden von den Postscheckämtern zum Preise von 5 Pf. für je 10 Stück an die Kontoinhaber verabfolgt.

VI Die Vordrucke (V) können auch durch die Privatindustrie hergestellt werden; sie müssen in der Größe, Farbe und Stärke des Papiers sowie im Aufdrucke mit den amtlichen genau übereinstimmen.

VII Das Postscheckamt übersendet dem Kontoinhaber nach der Gutschrift des Betrags den Abschnitt der Zahlkarte.

Zu § 4. Abs. I—IV geändert durch MinBek. vom 8. November 1916. (GVBl. S. 485/486.)

Abs. I. Der Antrag kann schriftlich oder mündlich gestellt werden. Die Zahlkartengebühr wird nach dem Betrag der Zahlkarte berechnet.

Abs. III. Die Postaufträge zur Geldeinziehung und zum Postprotest mit anhängender Zahlkarte werden nach Beil. 5 und 6 hergestellt.

Abs. IV. Die Nachnahmepaketkarten und Nachnahmekarten werden nach Beil. 7 und 8 hergestellt.

Die blaue Nachnahmezahlkarte wird nach Beil. 9 hergestellt. Der Absender klebt die ausgefüllte Zahlkarte mit der Klebeleiste auf die Rückseite des Briefes, der Drucksache usw. Die angeklebte Zahlkarte ist der Größe der Sendung entsprechend zu falten; die andere Schmalseite ist mit Siegelmarke oder dgl. an der Sendung zu befestigen.

Gewöhnlichen Briefsendungen mit Nachnahme (ausschließlich solcher in Kartenform) kann die ausgefüllte Zahlkarte (Beil. 9) auch in einer mit einer Verschlußklappe versehenen offenen Tasche beigefügt werden, die auf der Rückseite des Briefes, der Drucksache usw. angebracht ist.

Abs. V. Wegen der Preisermäßigungen an Kontoinhaber bei Bezug der blauen Nachnahmezahlkarten in größeren Mengen vgl. Beil. 2.

Auf Antrag des Kontoinhabers werden die Vordrucke Beil. 5 bis 9 bei den PSchA. in gleicher Weise wie die Zahlkarten (§ 2 AB. zu V) bedruckt. Auch übernimmt das PSchA. das Bedrucken der Rückseite der Nachnahmekarte gegen Erstattung der Kosten.

Auf dem Abschnitte der Auftrags- und Nachnahmezahlkarten können Name und Wohnort des Empfängers wegbleiben, wenn ein Kassen- oder Buchungszeichen angegeben ist.

Abs. VI. Für den Bezug von Mustern zu den Vordrucken, die Einsendung von Probeabdrucken an die PSchA. usw. gilt § 2 AB. zu IV sinngemäß.

§ 5.

Überweisungen von einem anderen Postscheckkonto.

I Die für Kontoinhaber von anderen Kontoinhabern überwiesenen Beträge werden dem Konto des Empfängers gutgeschrieben.[1])

II Das Postscheckamt übersendet dem Kontoinhaber nach der Gutschrift die Abschnitte der Überweisungen (§ 7, III) und die Gutschriftzettel für Sammelüberweisungen § 7, IV).

---

[1]) Es empfiehlt sich, auf Geschäftsrechnungen und allen einer Zahlungsanforderung gleichzuachtenden Schriftstücken die Kontonummer und das zuständige Postscheckamt ersichtlich zu machen. Damit soll zum Ausdruck gebracht sein, daß gewünscht wird, die treffenden Geldbeträge im Postgiroverkehr zu begleichen. Ist übrigens ein Vordruck zur Zahlkarte (vgl. § 2 Abs. V) beigefügt, so schließt dieses die Begleichung des Betrages mittels Überweisung, vorausgesetzt, daß der Zahlungsverpflichtete ein Postscheckkonto besitzt, nicht aus.

III. Auszahlungen.

Allgemeines.

§ 6.

I Zu Überweisungen und Schecks dürfen nur die vom Postscheckamt bezogenen Vordrucke benützt werden.

II Der Kontoinhaber ist verpflichtet, die Vordrucke zu Überweisungen und Schecks sorgfältig und sicher aufzubewahren. Er trägt alle Nachteile, die aus dem Verlust oder dem sonstigen Abhandenkommen sowie aus der mißbräuchlichen Benützung der Vordrucke entstehen, wenn er nicht das Postscheckamt von dem Verluste usw. so zeitig benachrichtigt hat, daß die Überweisung oder Zahlung an einen Unberechtigten noch verhindert werden kann; auch hat er in solchem Falle die ihm vom Postscheckamt mitgeteilten Sicherheitsmaßnahmen zu beachten.

III Die Unterschriften der Personen, die zur Ausstellung von Überweisungen und Schecks berechtigt sein sollen, hat der Kontoinhaber dem Postscheckamt — zweifach — durch Unterschriftsblatt

mitzuteilen. Die vom Kontoinhaber zur Unterzeichnung von Überweisungen und Schecks ermächtigten Personen sind auch berechtigt, Scheck- und Überweisungshefte zu bestellen, ferner nach dem Tode des Kontoinhabers das Konto weiterzuführen oder die Löschung des Kontos zu beantragen und das Restguthaben abzuheben. Der Kontoinhaber kann diese Befugnisse im Unterschriftsblatte beschränken oder ausschließen.

IV Die dem Postscheckamt mitgeteilten Unterschriften gelten so lange, bis gegenüber diesem Amte die Vertretungsbefugnis vom Kontoinhaber, nach seinem Tode von den Erben oder anderen zur Verfügung über den Nachlaß berechtigten Personen schriftlich widerrufen wird. Der Widerruf steht jedem einzelnen Erben zu.

V Die Überweisungen und Schecks müssen entweder durch Druck, mit der Schreibmaschine usw. oder handschriftlich mit Tinte ausgefüllt werden. Die Unterschrift ist stets handschriftlich mit Tinte oder mit Tintenstift abzugeben. Der Betrag ist in der Reichswährung einzutragen. Die Marksumme muß in Ziffern und in Buchstaben ausgedrückt sein. Bei Schecks, deren Betrag im Ausland durch Postanweisung bezahlt werden soll, ist die Angabe in der Währung des Bestimmungslandes zulässig.

VI Über die durch Überweisung oder Scheck gegebenen Aufträge erteilen die Postscheckämter den Kontoinhabern auf Wunsch Einlieferungsbescheinigungen, aus denen Name und Wohnort des Empfängers ersichtlich sind. Vordrucke für diese Lastschriftzettel werden von den Postscheckämtern in Blöcken zu 100 Stück für 20 Pf. abgegeben. Durch die Privatindustrie hergestellte Vordrucke müssen mit den amtlichen genau übereinstimmen. Die Kontoinhaber haben diese Lastschriftzettel auszufüllen und mit der Überweisung oder dem Scheck an das Postscheckamt zu senden.

VII An Gebühren werden vom Auftraggeber erhoben:

a) für jede Auszahlung eine feste Gebühr von . . 5 Pf., und außerdem eine Steigerungsgebühr von $^1/_{10}$ vom Tausend des auszuzahlenden Betrages,

b) für jede Überweisung von einem Postscheckkonto auf ein anderes . . . . 3 Pf.

Zu § 6.

Abs. I. Die laut § 7 der älteren PSchO. vom Postscheckamte gelieferten Giropostkarten sind in Wegfall gekommen; der Vorrat an Vordrucken konnte für Zahlungen bis zu 1000 Mk. aufgebraucht werden.

Abs. III. Das Unterschriftsblatt zur Abgabe der Unterschriften wird bei Eröffnung des Kontos dem Kontoinhaber vom PSchA. unter „Einschreiben", „Eigenhändig", „Gegen Rückschein" in zwei Abdrucken übersandt, die er beide ausgefüllt an das PSchA. zurückzusenden hat. Tritt bezüglich der Personen, die zur Ausstellung von Überweisungen und Schecks für ein Konto berechtigt sind, eine Änderung ein, so hat der Kontoinhaber beim PSchA. die Übersendung von zwei neuen Unterschriftsblättern zu beantragen.

Für den Kontoinhaber empfiehlt es sich, eine genaue Abschrift der Unterzeichnungen zurückzubehalten, damit er jederzeit feststellen kann, in welcher Form diese abgegeben worden sind.

Abs. VI. Der Lastschriftzettel wird nach Beil. 10 hergestellt.

Abs. VII. Der Gebührensatz für Auszahlungen (§ 9 Abs. I Ziff. 2 der älteren PSchO.) blieb unverändert; dagegen kam die neben der Einheitsgebühr bei mehr als 600 Buchungen früher nach § 9 Abs. I Ziff. 4 erhobene Zuschlagsgebühr zu 7 Pf. für jede weitere Buchung in Wegfall.

§ 7.

Überweisungen auf ein anderes Postscheckkonto.

I Die Vordrucke zu Überweisungen werden den Kontoinhabern vom Postscheckamt unentgeltlich geliefert.

II Die Überweisungen können auf jeden beliebigen Betrag innerhalb des verfügbaren Guthabens ausgestellt werden. Stimmt in einer Überweisung der Betrag in Ziffern nicht mit dem in Buchstaben überein, so gilt der geringere Betrag.

III Der Abschnitt der Überweisung dient zu Mitteilungen an den Gutschriftempfänger.

IV Aufträge für mehrere Empfänger können in einer Überweisung (Sammelüberweisung) zusammengefaßt werden. Der Sammelüberweisung ist ein vom Kontoinhaber zu unterschreibendes Verzeichnis (Anlage zur Sammelüberweisung) der einzelnen Überweisungen beizufügen; die Schlußsumme des Verzeichnisses muß mit dem Betrag der Sammelüberweisung übereinstimmen. In dieser ist an der für die Angabe des Gutschriftempfängers vorgesehenen Stelle der Vermerk „laut Anlage" niederzuschreiben.

Den Sammelüberweisungen können besondere Zettel für Mitteilungen (Gutschriftzettel) beigefügt werden. Vordrucke hiefür werden von den Postscheckämtern in Blöcken zu 100 Stück für 15 Pf. abgegeben. Durch die Privatindustrie hergestellte Vordrucke müssen mit den amtlichen genau übereinstimmen.

V Kontoinhaber, die die Beiträge für die Angestelltenversicherung durch Überweisung entrichten, haben den Überweisungen bei der Übersendung an das Postscheckamt besondere Gutschriftzettel beizufügen. Die Gutschriftzettel werden in Blöcken zu 50 Stück für 10 Pf. von den Postscheckämtern abgegeben. Durch die Privatindustrie hergestellte Vordrucke müssen mit den amtlichen genau übereinstimmen.

VI Der Aussteller einer Überweisung kann beantragen, daß das Postscheckamt, bei dem sein Konto geführt wird, den Gutschriftempfänger unmittelbar benachrichtigt. Der Antrag ist auf der Überweisung links unten durch den Vermerk zu stellen: „Empfänger schriftlich (telegraphisch) benachrichtigen." In der Überweisung ist die vollständige Adresse des Empfängers anzugeben. In Sammelüberweisungen (IV) dürfen solche Aufträge nicht aufgenommen werden.

Die Benachrichtigung geschieht

a) durch Telegramm,
wenn das Konto des Gutschriftempfängers bei demselben Postscheckamt geführt wird,

b) durch Brief oder durch Telegramm,
wenn das Konto des Gutschriftempfängers bei einem anderen Postscheckamt geführt wird.

Der Abschnitt der Überweisung wird bei schriftlicher Benachrichtigung dem Benachrichtigungsschreiben beigefügt. Bei telegraphischer Benachrichtigung erhält der Empfänger den Abschnitt in der gewöhnlichen Weise (§ 1, IV) durch das Postscheckamt, das sein Konto führt; auf dem Abschnitte niedergeschriebene Mitteilungen werden in das Benachrichtigungstelegramm aufgenommen.

An Gebühren werden vom Aussteller durch Abbuchung von seinem Konto erhoben:

bei schriftlicher Benachrichtigung 20 Pf.,
bei telegraphischer Benachrichtigung die Telegrammgebühr.

VII Der Aussteller hat die Überweisung an das Postscheckamt zu senden, bei dem sein Konto geführt wird.

VIII Der Kontoinhaber kann eine Überweisung zurücknehmen, solange der Betrag auf dem Konto des Empfängers noch nicht gutgeschrieben worden ist.

Zu § 7.

Abs. I. Die Überweisung wird nach Beil. 11 hergestellt.

Abs. IV. Die „Anlage zur Sammelüberweisung" ist nach Beil. 12 herzustellen. Sie kann von den PSchÄ. in Blöcken zu 100 Stück für 1 ℳ oder von der Privatindustrie bezogen werden.

Die Überweisungsgebühr (§ 6, VII b) wird für jede in das Verzeichnis aufgenommene Überweisung berechnet.

Der Gutschriftzettel für Sammelüberweisungen wird nach Beil. 13 hergestellt.

Abs. V. Die Gutschriftzettel werden nach Beil. 14 hergestellt. Der Kontoinhaber hat den Abschnitt von der Überweisung abzutrennen und zu beseitigen.

Bei Einzahlung der Beiträge für die Angestelltenversicherung mittels Zahlkarte ist die Erläuterung zu § 2 Abs. II dritter Satz zu berücksichtigen. (Vgl. Anmerkung hiezu S. 11 unten.)

§ 8.

Telegraphische Überweisungen.

I Überweisungen bis 3000 ℳ können auf Antrag des Ausstellers einem bei einem anderen Postscheckamt geführten Konto telegraphisch übermittelt werden. Der Gutschriftempfänger wird durch das Postscheckamt, bei dem sein Konto geführt wird, von der Gutschrift in der gewöhnlichen Weise (§ 1, IV) benachrichtigt.

II Der Aussteller einer telegraphischen Überweisung kann auch beantragen, daß das Postscheckamt, bei dem sein Konto geführt wird, den Gutschriftempfänger schriftlich oder telegraphisch benachrichtigt (§ 7, VI).

III Der Antrag auf telegraphische Überweisung ist auf der Anweisung links unten durch den Vermerk „Telegraphisch" zu stellen. Soll außerdem der Empfänger vom Postscheckamt, bei dem das Konto des Ausstellers geführt wird, schriftlich oder telegraphisch benachrichtigt werden, so muß der Vermerk lauten: „Telegraphisch überweisen, Empfänger schriftlich (telegraphisch) benachrichtigen." In Sammelüberweisungen dürfen telegraphische Überweisungen nicht aufgenommen werden.

IV Die auf dem Abschnitte der Überweisung vom Auftraggeber niedergeschriebenen besonderen Mitteilungen werden durch das Überweisungstelegramm dem Bestimmungspostscheckamt und von diesem in der gewöhnlichen Weise (§ 1, IV) durch einen Gutschriftzettel dem Empfänger übermittelt (I). Ist schriftliche oder telegraphische Benachrichtigung des Empfängers verlangt (II), so werden die Mitteilungen in die schriftliche oder telegraphische Benachrichtigung aufgenommen.

V An Gebühren werden vom Aussteller durch Abbuchung von seinem Konto erhoben:

1. die Überweisungsgebühr,
2. die Telegrammgebühr für das Überweisungstelegramm und eintretendenfalls
3. bei schriftlicher Benachrichtigung 20 Pf.,
   bei telegraphischer Benachrichtigung die Telegrammgebühr.

Zu § 8.

Abs. I und II. Liegen gleichzeitig mehrere Überweisungen eines Auftraggebers für denselben Empfänger vor, so ist für jede Überweisung ein besonderes Telegramm zu fertigen. Die Benachrichtigung des Gutschriftempfängers (II) geschieht durch einen Brief oder ein Telegramm.

Abs. IV. Der Abschnitt der Überweisung wird dem Empfänger nur zugestellt, wenn besondere schriftliche Benachrichtigung verlangt ist.

§ 9.

Auszahlungen durch Schecks.

I Die Vordrucke zu Schecks werden den Kontoinhabern vom Postscheckamt in Heften von 50 Stück für 50 Pfg. geliefert.

II Der Höchstbetrag eines Schecks ist 20000 *M.*

Von der am linken Rande des Schecks befindlichen Zahlenreihe hat der Aussteller vor der Ausgabe des Schecks die Zahlen, die den Betrag des Schecks übersteigen, mit Tinte durchzustreichen. Ist dies versehentlich unterblieben, so kann das Postscheckamt die Einlösung des Schecks verweigern.

III Der Abschnitt des Schecks dient zu Mitteilungen an den Empfänger.

IV Mit einem Scheck kann Auftrag zu Barzahlungen an mehrere Empfänger erteilt werden (Sammelscheck). Dem Sammelscheck ist ein vom Kontoinhaber zu unterschreibendes Verzeichnis (Anlage zum Sammelscheck) der Einzelbeträge beizufügen; die Schlußsumme des Verzeichnisses muß mit dem Betrag des Sammelschecks übereinstimmen. In diesem ist an der für die Angabe des Empfängers vorgesehenen Stelle der Vermerk „laut Anlage" niederzuschreiben.

V Der Scheck ist binnen zehn Tagen nach der Ausstellung bei dem Postscheckamt zur Einlösung vorzulegen. Wird ein Scheck nach Ablauf dieser Frist vorgelegt, so kann das Postscheckamt die Einlösung des Schecks verweigern.

Der Kontoinhaber kann einen von ihm an das Postscheckamt eingesandten Scheck, in dem der Name des Empfängers angegeben ist, zurücknehmen, solange die Zahlungsanweisung dem Empfänger noch nicht zugestellt ist. Die für die Benachrichtigung der Bestimmungspostanstalt erwachsenden Gebühren werden vom Konto abgebucht.

VI Schecks mit Indossament werden nicht eingelöst.

VII Ist im Scheck der Empfänger genannt, so wird die nach der Scheckadresse zuständige Postanstalt vom Postscheckamt durch Zahlungsanweisung beauftragt, den Betrag an den Empfänger zu zahlen.

VIII Hat der im Scheck genannte Empfänger selbst ein Konto bei demselben oder einem anderen Postscheckamt, und soll der Betrag diesem Konto gutgeschrieben werden, so sind im Scheck neben dem Namen des Empfängers auch die Nummer seines Kontos und das Postscheckamt, bei dem es geführt wird, anzugeben.

IX Die Zahlungsanweisungen werden dem Empfänger, wenn keine Abholung im Sinne der Postordnung § 38 stattfindet, ins Haus zugestellt.

Die Zustellung mit dem Geldbetrag ist auf die Fälle beschränkt, in denen sie bei Postanweisungen erfolgt. Im Landzustellbezirk werden Geldbeträge von mehr als 800 ℳ nicht zugestellt.

Für die Zustellung einer Zahlungsanweisung mit dem Geldbetrag wird

a) im Ortszustellbezirk:

bis 800 ℳ	5 Pf.,
über 800 ℳ bis 2000 ℳ	10 Pf.,
über 2000 ℳ	20 Pf.,

b) im Landzustellbezirk:

bis 5 ℳ	5 Pf.,
über 5 ℳ bis 800 ℳ	10 Pf.

Zustellgebühr erhoben.

X Der Aussteller des Schecks kann die Zustellgebühr für Zahlungsanweisungen (IX) im voraus entrichten. In diesem Falle hat er auf der Rückseite des Schecks — am oberen Rande über dem Vordruck „Adresse für die Postbeförderung" — den Vermerk „Zustellgebühr bezahlt" oder „bestellgeldfrei" niederzuschreiben und rechts daneben die Freimarke zu kleben. Bei Sammelschecks (IV) ist der Vermerk in der Anlage neben den Beträgen zu machen, die frei von Zustellgebühren ausbezahlt werden sollen; die Marken sind hier so beizufügen, daß sie beim Postscheckamt abgenommen und auf die Zahlungsanweisung geklebt werden können. Die vorausbezahlte Zustellgebühr wird nicht erstattet, wenn die Zahlungsanweisung am Bestimmungsort abgeholt wird, oder wenn sie unbestellbar ist.

XI Die in der Postordnung §§ 37 bis 39 und 42 bis 45 für Postanweisungen erlassenen Vorschriften über

die Aushändigung von postlagernden Postanweisungen,
die Abholung,
die Zustellung,
die Auszahlung auf Postanweisungen,
die Nachsendung der Postanweisungen sowie die Behandlung unbestellbarer Postanweisungen am Bestimmungsorte

gelten sinngemäß für die Zahlungsanweisungen.

XII Scheckbeträge bis 3000 ℳ können dem Empfänger durch telegraphische Zahlungsanweisung übermittelt werden. Der Antrag ist durch den Vermerk „Telegraphisch“ auf der Vorderseite des Schecks unten links zu stellen und vom Antragsteller zu unterschreiben. In einem Sammelscheck (IV) dürfen telegraphisch zu erledigende Aufträge nicht aufgenommen werden. Für die telegraphischen Zahlungsanweisungen gilt die Postordnung § 18 sinngemäß. Hat der Scheckaussteller die telegraphische Übermittelung beantragt, so wird der Betrag des Schecks dem Empfänger unverkürzt überwiesen; außer diesem Betrage wird die Telegrammgebühr und zutreffendenfalls die Eilzustellgebühr für die Zustellung an den Empfänger vom Konto abgebucht. Hat dagegen der Empfänger die telegraphische Übermittelung beantragt, so wird der Betrag des Schecks um die Telegrammgebühr gekürzt.

Gewöhnliche Zahlungsanweisungen bis 800 ℳ können auf Verlangen des Scheckausstellers oder des Empfängers telegraphisch nachgesandt werden; hiebei gelten die Vorschriften über die telegraphische Nachsendung gewöhnlicher Postanweisungen sinngemäß. Die Zahlungsanweisung wird dabei als Postanweisung telegraphisch nachgesandt; die Postanweisungsgebühr wird jedoch für die Nachsendung nicht erhoben.

XIII Der Betrag eines Schecks kann dem Empfänger durch besonderen Boten zugestellt werden (Eilzustellung). Für das Verfahren gilt die Postordnung § 22 sinngemäß. Auf der Rückseite des Schecks — am oberen Rande über dem Vordruck „Adresse für die Postbeförderung“ — ist der Vermerk „Durch Eilboten“ niederzuschreiben. In einen Sammelscheck (IV) dürfen solche Aufträge nicht aufgenommen werden. Will der Scheckaussteller die Eilzustellgebühr tragen, so hat er die Worte „Bote bezahlt“ beizufügen. Vom Konto wird alsdann der Betrag des Schecks und die Eilzustellgebühr abgebucht.

XIV Wohnt der im Scheck bezeichnete Empfänger im Auslande, so wird ihm der Betrag durch Postanweisung oder Wertbrief übersandt. Der Kontoinhaber kann dem Scheck eine ausgefüllte internationale Postanweisung beifügen und dabei den Abschnitt zu Mitteilungen an den Empfänger benützen, insoweit dies von der Postverwaltung des Bestimmungslandes zugelassen ist. Auf der Vorderseite des Schecks ist links unten der Vermerk „Postanweisung anbei“ niederzuschreiben. Vom Konto des Scheckausstellers werden der Betrag des Schecks und das Porto für die Postanweisung oder den Wertbrief abgebucht. Der Scheckaussteller kann auf dem Scheck durch den Vermerk „Porto trägt der Empfänger" oder dgl. bestimmen, daß der Empfänger das Porto für die Postanweisung oder den Wertbrief tragen soll. Alsdann wird der Betrag des Schecks um das Porto gekürzt.

XV Der Inhaber eines Schecks, in dem kein Zahlungsempfänger angegeben ist, kann

a) den Scheck bei der Kassa des Postscheckamts, das das Konto des Scheckausstellers führt, zur Einlösung vorlegen, oder

b) den Scheck durch Angabe eines Empfängers in einen Namensscheck umwandeln, für den alsdann die Bestimmungen unter VII—XIV gelten. In den Fällen unter XIII und XIV wird jedoch die Eilzustellgebühr und das Porto stets vom Scheckbetrag abgezogen.

Zu § 9.

Abs. I. Der Scheck wird nach Beil. 15 hergestellt. Das neue Scheckformular (Beil. 15) entspricht der Erhöhung des Höchstbetrages auf 20 000 ℳ: Schecks der bisherigen Art waren nur für Beträge bis zu 10 000 ℳ verwendbar.

Abs. II. Postschecks sind vom Scheckstempel befreit (Reichsstempelgesetz vom 3. Juli 1913 Tarif Nr. 10 RGBl. S. 694/695.) Vgl. FMEntschl. vom 1. Oktober 1909 Nr. 29 945 (FMBl. S. 605). Mit dem 1. Oktober 1916 ist der Scheckstempel überhaupt in Wegfall gekommen. (Gesetz vom 26. Juni 1916 RGBl. S. 639.)

Schecks, die an der Zahlstelle des PSchA. gegen rote Schecks auf die K. Bank eingetauscht oder die mit dem Vermerke „Nur zur Verrechnung" versehen in die Abrechnungsstellen der Reichsbank eingeliefert werden, sowie Sammelschecks (IV) werden nicht beanstandet, wenn sie über höhere Beträge als 20 000 ℳ lauten. Für die beiden erstbezeichneten Arten von Schecks wird neben der Steigerungsgebühr von $^1/_{10}$ vom Tausend des Betrags eine feste Gebühr von 5 Pf. für je 20 000 ℳ oder einen Teil dieser Summe erhoben.

Abs. IV. Die „Anlage zum Sammelscheck" ist nach Beil. 16 herzustellen. Sie kann von den PSchA. in Blöcken zu 100 Stück für 1 ℳ oder von der Privatindustrie bezogen werden.

Die Gebühren (§ 6, VII a) werden nach den Einzelaufträgen berechnet. (Hiezu Anmerkung S. 24 zu § 10.)

Abs. V. Der Scheck ist an das PSchA. einzusenden, das das Konto des Scheckausstellers führt. (Vgl. hiezu die Anmerkung zu § 1 des PSchG. S. 1 u. 2.) Die Einsendung des Schecks, wenn dieser auf nur einen Zahlungsempfänger lautet, kann auch durch letzteren erfolgen. Bezieht sich der Scheck aber auf eine Anlage zum Sammelscheck (Beil. 16) oder mehrere solche Anlagen, so ist er mit diesen vom Aussteller an das PSchA. unmittelbar einzusenden.

Abs. IX. Zahlungsanweisungen können auch durch Gutschrift auf das Postscheckkonto des Empfängers (PV. 1909/118) oder im Postgiroweg (DA. IX, 3 § 13) beglichen werden. Für jede Girozahlungsanweisung wird eine Zustellgebühr von 2 Pf. bis 800 ℳ, von 5 Pf. über 800—2000 ℳ und von 10 Pf. über 2000 ℳ erhoben. In Württemberg erfolgt die Bestellung der Zahlungsanweisung mit Geld gebührenfrei; für das Reichspostgebiet beträgt nach § 9 Abs. IX RPSchO. die Zustellgebühr bis zu 1500 ℳ 5 Pf., über 1500—3000 ℳ 10 Pf. — Bei höheren Beträgen als 3000 ℳ im Ortsbestellbezirk und 800 ℳ im Landbestellbezirk wird im Reichspostgebiet nur die Zahlungsanweisung bestellt.

Die Zustellgebühr kann vom Kontoinhaber auch im voraus entrichtet werden, in welchem Falle auf der Rückseite des Schecks „Zustellgebühr bezahlt" oder „Bestellgeldfrei" zu vermerken ist.

Abs. XI. Unbestellbare Zahlungsanweisungen werden ohne weiteres an das Aufgabe-PSchA. zurückgesandt.

Der Betrag hiefür wird dem Postscheckkonto des Scheckausstellers wieder gutgeschrieben.

Abs. XII. Gehen beim PSchA. von einem Absender gleichzeitig mehrere Schecks zur telegraphischen Übermittelung der Beträge an denselben Empfänger ein, so wird für jeden Scheck ein besonderes Telegramm ausgefertigt.

Abs. XV. Werden Schecks, in denen kein Empfänger angegeben ist, in gewöhnlichen Briefen versandt, so trägt der Absender die ihm hieraus etwa erwachsenden Nachteile.

IV. Entrichtung der Gebühren.

§ 10.

I Die Gebühren (§§ 2, XIII und 6, VII) und die Preise für vom Postscheckamte bezogene Vordrucke werden vom Konto des Zahlungspflichtigen abgebucht.[1])

II Der Preis für unbrauchbar gewordene Vordrucke (I) wird nicht erstattet.

III Für Laufschreiben wegen Sendungen des Postscheckverkehrs (Zahlkarten, Überweisungen, Schecks) wird die in der Postordnung § 47 festgesetzte Gebühr erhoben.

IV Beträge, die vom Postscheckamt mit Postanweisung oder Wertbrief abgesandt werden, sind von der Auszahlungsgebühr (§ 6 VII a) befreit.

Zu § 10.

Abs. I. Die Gebührenzuschläge, wie solche nach den Vorschriften Ziff. 3 Abs. II u. V für die Finanzkassen (S. 58/59, Ziff. 4 für die innere Verwaltung (S. 84) und Nr. 4 Abs. 3 für die Justizbehörden (S. 94) besonders erhoben werden, fallen nicht unter die an das Postscheckamt geschuldeten Gebühren.

Abs. III. Für die Verrechnung der Gebühr gilt die PO. § 47 AB. zu II und IV sinngemäß (GVBl. 1900 S. 283).

[1]) über die abgebuchten — für den Etat der Postverwaltung zu verrechnenden — Gebühren- usw. Beträge erhält der Kontoinhaber innerhalb des Jahres mehrmals Lastschriftzettel des Postscheckamts zugefertigt; für deren Ansatz ist § 5 des PSchG. (S. 2) maßgebend.

Die Gutschrift für Postanweisungen usw. (§ 4 der PSchO.) kommt zwar im Effekte einer Zahlkarteneinzahlung gleich, doch wird die Gebühr nach § 2 Ziff. XIII der PSchO. hiefür nicht angerechnet.

Wird der Betrag einer unbestellbaren Zahlungsanweisung dem Konto des Scheckausstellers wieder gutgeschrieben, so wird für diese Gutschrift keine Gebühr erhoben.

V. Portovergünstigung.

§ 11.

I Die Sendungen der Postscheckämter und Postanstalten an die Kontoinhaber sowie die Sendungen dieser Ämter und Anstalten untereinander werden in Postscheckangelegenheiten portofrei befördert.[1]) Die Briefe der Kontoinhaber an die Postscheckämter unterliegen der Gebühr im Ortsverkehr.[2]) Für die Versendung sind besondere Umschläge zu verwenden, die von den Postscheckämtern zum Preise von 25 Pf. für je 50 Stück an die Kontoinhaber verabfolgt werden.

II Die Umschläge können auch durch die Privatindustrie hergestellt werden; sie müssen in der Größe und Farbe des Papiers sowie im Vordrucke mit den amtlichen genau übereinstimmen.

III Werden andere als die von der Postverwaltung vorgeschriebenen Briefumschläge benützt, so unterliegen die Sendungen dem gewöhnlichen Briefporto.

Zu § 11.

Abs. I. Der Umschlag für den Postscheckbrief wird nach Beil. 17 hergestellt.

---

[1]) Der im Wechselverkehr mit dem Reichspostgebiet und Württemberg vorkommende Schriftwechsel hat in gleichem Umfange Anspruch auf portofreie Beförderung wie in Bayern selbst (§ 6 des PSchG.).

Soweit die Sendungen im Postscheckverkehr unter die Bestimmungen über die Portofreiheiten und über die Portoablösung fallen, GVBl. 1907 S. 1085 ff., kommen die bezüglichen Vorschriften zur Anwendung. Vgl. Min.-Bek. vom 15. Juli 1916 „Die Einführung von Dienstwertzeichen für den amtlichen Verkehr betr." (GVBl. S. 108 ff.).

[2]) Postscheckbriefe, die mittels des vorgeschriebenen Umschlages von nicht am Sitze des PSchA. wohnenden Kontoinhabern an das PSchA. abgesendet werden, kosten vom 1. Juli 1914 an auch für auswärtige Kontoinhaber bis zu 250 Gramm nur noch 5 Pf. (jetzt 7½ Pf.).

VI. Änderungen in den Verhältnissen eines Kontoinhabers.

§ 12.

I Änderungen in den rechtlichen Verhältnissen eines Kontoinhabers, die für sein Konto von Bedeutung sind, müssen dem zuständigen Postscheckamt mitgeteilt und durch Vorlegung öffentlicher Urkunden nachgewiesen werden. Unterbleibt diese Mitteilung, so hat die Postverwaltung den etwa aus der Unkenntnis der eingetretenen Änderungen entstehenden Schaden nicht zu vertreten.

II Stirbt ein Kontoinhaber, so kann das Konto auf Antrag bis zu sechs Monaten — vom Tode des Kontoinhabers ab — weitergeführt werden. Zur Stellung des Antrags sind die Erben berechtigt, die sich durch Vorlegung des Testaments, der gerichtlichen Erbbescheinigung usw. ausweisen müssen. Ist ein Testamentsvollstrecker, ein Nachlaßpfleger oder Nachlaßverwalter ernannt worden, so ist dieser zur Weiterführung des Kontos berechtigt. Ein Antrag ist nicht erforderlich, wenn zur Weiterführung eine oder mehrere Personen laut Unterschriftsblatt ermächtigt sind (§ 6, III).

III Beträge, die beim Postscheckamt unter der Aufschrift des Verstorbenen eingehen, sind dem Konto gutzuschreiben, solange es nicht aufgehoben ist.

IV Die von dem Verstorbenen beim Postscheckamt mit Gültigkeit auf Lebensdauer niedergelegten Unterschriften (§ 6, III letzter Satz) verlieren ihre Gültigkeit, sobald der Tod des Kontoinhabers dem Postscheckamt bekannt wird; bei Weiterführung des Kontos auf Antrag können sie jedoch von den Erben oder von den zur Verfügung über den Nachlaß berechtigten Personen wieder in Kraft gesetzt werden.

V Wird ein Antrag auf Weiterführung des Kontos von den dazu Berechtigten nicht gestellt und besteht auch keine Vollmacht zur Weiterführung des Kontos, so wird es geschlossen.

VI Die Beträge der nach dem Erlöschen eines Kontos noch eingehenden Einzahlungen werden den Einzahlern zurückgezahlt.

Zu § 12.

Abs. I. Mit der Eröffnung des Konkursverfahrens verliert der Kontoinhaber die Befugnis, über sein Konto beim PSchA. zu verfügen. Bevor die vor der Konkurseröffnung ausgestellten Überweisungen und Schecks eingelöst werden, muß dem Konkursverwalter Gelegenheit zur Äußerung gegeben sein. Die Unterschriften der zur Ausstellung von Überweisungen und Schecks auf dieses Guthaben berechtigten Personen verlieren ihre Gültigkeit. Das Verfügungsrecht geht auf den Konkursverwalter über.

Abs. II. Sobald das PSchA. von dem Tode eines Kontoinhabers Kenntnis erhält, wird das Konto bis zur Entscheidung darüber, ob es weiterzuführen ist oder nicht, für Auszahlungen gesperrt, wenn nicht eine Person zur Weiterführung bevollmächtigt ist. Überweisungen und Schecks, die bis zum Todestag ausgestellt sind, werden jedoch eingelöst, solange das Guthaben an die Erben noch nicht ausgezahlt ist. Sind die Erben bekannt, so werden sie vom PSchA. davon benachrichtigt, daß das Konto vorläufig für Auszahlungen gesperrt worden ist, und unter Hinweis auf die Zulässigkeit der Weiterführung des Kontos um Mitteilung innerhalb einer nach Lage des Falles festzusetzenden Frist ersucht, ob das Konto weitergeführt werden soll oder nicht.

Der Testamentsvollstrecker, Nachlaßpfleger oder Nachlaßverwalter muß sich durch eine gerichtliche Ausfertigung des Testaments oder gerichtliche Bestallung ausweisen.

Über den Zeitraum von 6 Monaten hinaus — vom Tode des Kontoinhabers ab — ist die Weiterführung des Kontos nur zulässig, wenn es die zusätzliche Bezeichnung „Erben" erhält. Gutschriftaufträge, in deren Aufschrift dieser Zusatz fehlt, sind dann nicht mehr auszuführen.

Abs. V. Das gleiche gilt, wenn auch nur e i n Erbe die vom Kontoinhaber hinterlegten Unterschriften widerruft. Das Guthaben wird an die Erben ausgezahlt, die sich als solche auszuweisen haben.

Ein Antrag auf Weiterführung des Konto ist nicht erforderlich, wenn der Kontoinhaber dieselbe im Unterschriftsblatt zugelassen hat.

VII. Änderung der Postscheckordnung.

§ 13.

Werden die Vorschriften der Postscheckordnung geändert, so gelten die neuen Vorschriften auch für die bereits bestehenden Postscheckkonten.

VIII. Inkrafttreten.

§ 14.

Diese Verordnung tritt am 1. Juli 1914 in Kraft.

Die im Postdienstbefehl Nr. 113/14 hiezu gegebenen Vorschriften sind treffenden Orts kurz vermerkt.

Beilage 1
(AB. zu § 2)

(Vorderseite)

Aufgabestempel

eingezahlt am 4./IX.1916 auf
Konto Nr. 1657
Postscheckamt München
209 Mark 75 Pf.

Absender (Name und Wohnort):
Adam Fuchs, Guts-
Verwalter in
Mödingen.

Dieser Abschnitt wird vom Postscheckamt dem Kontoinhaber übersandt

Absender: Fuchs Adam
Gutsverwalter in
Mödingen

Aufgabestempel

Zahlkarte

Zu wiederholen (die Mark in Buchstaben):
auf 209 Mark 75 Pf.
zweihundertneun Mark 75 Pf.
zur Gutschrift auf das Konto Nr. 1657
(Konto genau bezeichnen, s. Punkt 2 d. Rückseite)
des Kgl. Rentamts
N.
beim Postscheckamt in München

Postvermerk
Nr. ... eingetragen durch: ... Ankunfts-Nr.
am ... 14

Posteinlieferungsschein
(vom Einzahler auszufüllen)

(Die Mark in Buchstaben anzugeben)
zweihundert
neun Mark 75 Pf.
zur Gutschrift auf das Konto
Nr. 1657
des Kgl. Rentamts
N.
beim Postscheckamt in
München

Postannahme
Postvermerk
Aufgabenummer
Aufgabestempel

10,7 cm — 6,4 cm — 11,4 cm — 7,2 cm

Anmerkung: Die Zahlkarte wird auf hellblauem Papier mit dunkelblauem Druck hergestellt. Vgl. hierzu Mustereintrag Nr. 4 des Postscheck-Gegenkonto Seite 106.

Beilage 1.

(Rückseite)

Zahlung für geschuldete Steuer und Kreisumlage für 1916 Reg. Nr. 36 zu 209 ℳ 60 Pf. zuzüglich 15 Pf. für Gebührenzuschlag.

Satzpersorierlinie

1. Auf Zahlkarte können von jedermann an den Inhaber eines Postscheckkontos Beträge in unbeschränkter Höhe bei den Postanstalten eingezahlt werden. Die Zahlkartengebühr hat der Kontoinhaber zu entrichten. Sie beträgt bis 25 ℳ .... 5 Pf., über 25 ℳ .... 10 Pf.
2. Die Zahlkarte ist in allen drei Teilen dem Vordruck entsprechend auszufüllen. Außer der Kontonummer ist die genaue Adresse des Kontoinhabers (nach Namen, Stand oder Gewerbe und Wohnort) sowie das Postscheckamt anzugeben. Die Kontonummer ist besonders deutlich zu schreiben.

Satzpersorierlinie

Posteinlieferungsschein

(nicht zu Mitteilungen für den Empfänger zu benutzen)

6 cm — 12 cm — 7 cm

Beilage 2
(AB. zu § 2)

Preisliste für amtliche Vordrucke.

I. Die PSchA. liefern die Vordrucke für den Postscheckverkehr, deren Herstellung auch durch die Privatindustrie zugelassen ist, zu den in nachstehender Übersicht, Spalte 3, angegebenen Preisen und gewähren ihren Kontoinhabern beim Bezug größerer Mengen zum eigenen Gebrauche ermäßigte Preise gemäß Spalte 4. Bei den Zahlkarten unter Nr. 1 und 2 tritt Preisermäßigung nur ein, wenn das PSchA. auch den Aufdruck nach IIa besorgt.

1	2	3		4	
Lfde. Nr.	Bezeichnung des Vordrucks (abgebildet auf Beilage)	regelmäßiger Preis Stück	regelmäßiger Preis Betrag ℳ	ermäßigter Preis 500 Stück ℳ	ermäßigter Preis 1000 Stück ℳ
1	Zahlkarte (Beil. 1)				
2	Nachnahmezahlkarte mit Klebeleiste (Beil. 9)	10	0,05	2,10	3,80¹)
3	Geschäftsblatt mit Zahlkarte (Beil. 4) .	50	0,50	4,50	8,50
4	Postauftrag mit Zahlkarte (Beil. 5) .				
5	Postprotestauftrag mit Zahlkarte (Beil. 6)				
6	Nachnahmekarte mit Zahlkarte (Beil. 8)	10	0,05	—	—
7	Nachnahmepaketkarte mit Zahlkarte (Beil. 7)				
8	Lastschriftzettel in Blöcken zu 100 Stück (Beil. 10)	100	0,20	0,95	1,80
9	Anlage zur Sammelüberweisung in Blöcken zu 100 Stück mit Kopierdruck (Beil 12)	100	1,00	4,50	8,50
10	Anlage zum Sammelscheck wie Nr. 9 (Beil. 16)				
11	Gutschriftzettel für Sammelüberweisungen in Blöcken zu 100 Stück (Beil. 13)	100	0,15	—	—
12	Gutschriftzettel für die Angestelltenversicherung in Blöcken zu 50 Stück (Beil. 14)	50	0,10	0,90	1,70
13	Postscheckbriefumschläge mit Kontonummer (Beil. 17)	50	0,25	2,30	4 40

¹) Der Preis für je 1000 Stück ermäßigt sich weiter auf
3,60 ℳ bei Bestellung von mindestens 5000 Stück,
3,40 ℳ „ „ „ „ 10000 „ .

IIa. Auf Antrag der Kontoinhaber besorgen die PSchÄ. den Aufdruck der Kontonummer und Kontobezeichnung auf den Zahlkartenvordrucken gegen folgende Vergütung:

1. bei Zahlkarten (Beil. 1) und blauen Nachnahmezahlkarten (Beil. 9):
   100 Stück für . . . . 0,50 ℳ,
   je weitere 100 Stück für . . . . . 0,08 ℳ mehr,
   1000 Stück für . . . . 1,20 ℳ,
   je weitere 1000 Stück für . . . . 0,70 ℳ mehr,
   von 20 000 Stück ab kostenlos.

2. bei Nachnahmekarten, Nachnahmepaketkarten, Postaufträgen und Postprotestaufträgen mit Zahlkarte (Beil. 5—8):
   100 Stück für . . . . 0,50 ℳ,
   je weitere 100 Stück für . . . . . 0,12 ℳ mehr,
   1000 Stück für . . . . 1,50 ℳ,
   je weitere 1000 Stück für . . . . 1,00 ℳ,

b. Für sonstige Angaben auf den Vordrucken, die zusammen mit der Kontonummer aufgedruckt werden können, wird nur eine Vergütung für den Satz berechnet, die im einzelnen Falle vom PSchA. auf Anfrage mitgeteilt wird.

III. Die PSchÄ. übernehmen auch das Bedrucken der Rückseite der Zahlkarten und insbesondere der Nachnahmekarte gegen Vergütung für Satz und Druck. Erstere hängt von dem Umfang des Satzes ab, letztere beträgt 12 Pf. für je 100 und 1 ℳ für je 1000 Stück. Näheren Aufschluß erteilt das PSchA. auf Anfrage.

Beilage 3
(AB. zu § 2).

(Vorderseite)

O. P. D.-Bz. München

Aufgabestempel

eingezahlt am .... auf

Konto Nr. **30 045**

Postscheckamt Berlin NW 7

.... Mark ..... Pf.

Absender

Name: ....

Wohnort: ....

Straße: .... Nr. ....

Postanstalt: ....

Beiträge f. d. Monat ....

Dieser Abschnitt wird vom Postscheckamt der Reichsversicherungsanstalt übersandt

Absender: ....

Aufgabestempel

Zahlkarte

Zu wiederholen (die Mark in Buchstaben):

auf Mark Pf.

Mark Pf.

zur Gutschrift auf das Konto Nr. **30 045**

des Direktoriums der Reichsversicherungsanstalt für Angestellte *(Bezirk München)* in Berlin-Wilmersdorf

beim Postscheckamt in **Berlin** NW 7.

Postvermerk

Nr. ..... eingetragen durch: Ankunfts-Nr.

am 14

Posteinlieferungsschein
(vom Einzahler auszufüllen)

(Die Mark in Buchstaben anzugeben)

Mark Pf.

zur Gutschrift auf das Konto Nr. **30045** des Direktoriums der Reichsversicherungsanstalt für Angestellte in Berlin-Wilmersdorf beim Postscheckamt in **Berlin** NW 7.

Postannahme ....

Postvermerk

Aufgabenummer

Abgabestempel

6,4 cm — 11,4 cm — 7,3 cm — 10,7 cm

Anmerkung. Die Zahlkarte wird auf rosa Papier mit rotbraunem Druck hergestellt.
Die für die bayer. Oberpostdirektionsbezirke einschlägigen Kontonummern sind folgende: Augsburg Nr. 30 042, Bamberg Nr. 30 043, Landshut Nr. 30 044, München Nr. 30 045, Nürnberg Nr. 30 046, Regensburg Nr. 30 047, Speyer Nr. 30 048, Würzburg Nr. 30 049.

Beilage 3.

(Rückseite)

Zur Beachtung bei Einsendung der Beiträge.

1. Vor der erstmaligen Beitragsentrichtung hat der Arbeitgeber eine Nachweisung (Übersicht nach § 181 des Gesetzes) über seine versicherungspflichtigen Angestellten und die fälligen Beiträge an die Reichsversicherungsanstalt **portofrei** einzusenden.
2. Bei den folgenden Beitragsleistungen müssen die Veränderungen mit ihren genauen Eintrittsdaten angegeben werden, welche die Abweichung gegen die vorherige Beitragsumme klarstellen und die Konten der einzelnen Angestellten beeinflussen. Veränderungsanzeigen sind daher einzusenden, wenn Angestellte
   a) aus dem Dienst ausscheiden (Abgang),
   b) in den Dienst neu eingestellt werden (Zugang),
   c) Gehaltsänderungen erfahren, die einen anderen Beitrag bedingen.
3. Zur Aufstellung der Nachweisungen und Veränderungsanzeigen ist der Vordruck R. f. A. II Nr. 8 zu verwenden.
4. Die Vordrucke zu 1 bis 3 sowie Merkblätter für die Beitragsentrichtung werden von den Ausgabestellen der Angestelltenversicherung kostenlos abgegeben.

Satzperforierlinie

a) Zur Beitragsentrichtung für die Angestelltenversicherung dürfen nur solche Zahlkarten verwandt werden, die von der Postanstalt am Wohnorte des Arbeitgebers — in Orten ohne Postanstalt von der Zustellungspostanstalt — bezogen worden sind oder die mit diesen auch in der Bezeichnung des Kontos (Nummer und Bezirk) genau übereinstimmen.

b) Die Zahlkarte ist in allen drei Teilen dem Vordruck entsprechend auszufüllen und mit dem Betrage einer Postanstalt — möglichst der vorstehend unter a) bezeichneten — zu übergeben.

Satzperforierlinie

Fällige Beiträge.

I. Nach § 176 des Gesetzes

in Gehaltsklasse von über ... ℳ bis zu ... ℳ	Buchstabe	von je ℳ	Anzahl ganze	Anzahl halbe	im Gesamtbetrage von ℳ	₰
—550	A	1.6				
550—850	B	3.2				
850—1150	C	4.8				
1150—1500	D	6.8				
1500—2000	E	9.6				
2000—2500	F	13.2				
2500—3000	G	16.6				
3000—4000	H	20.0				
4000—5000	J	26.6				

II. Nach § 177:
a) 8% des Entgelts von . . . . . . ℳ =
b) 4% (§ 390) des Entgelts von . . . . . . ℳ =

Summe . .
Dazu Postgebühr (bis 25 ℳ 5 Pf., über 25 ℳ 10 Pf.) =
Gesamtbetrag . .

Die Nachweisung*) über die fälligen Beiträge
Eine Veränderungsanzeige*)
ist abgesandt am ....
ist nicht erforderlich, weil Veränderungen nicht eingetreten sind.
(Das Nichtzutreffende ist zu streichen)

*) s. Vermerk auf dem Posteinlieferungschein.

7,8 cm — 11,4 cm — 6,4 cm

Zahlkarte.

Beilage 4
(AB. zu § 2).

Die **Beilage 4** ist dem Zahlkarten-Vordruck **Beil. 1** gleichlautend nachgebildet (mit 5 cm statt 7,2 cm breitem Posteinlieferungsschein); jedoch ist linksseitig für das Geschäftsblatt ein 27,2 cm breiter Raum vorgesehen.

Beilage 5
(AB. zu § 4).

3,8 cm — 11,4 cm

(Vorderseite des zweiten Teils)

Abschnitt

Aufgabestempel

Zahlkarte
für Konto
Nr. *2985*
P.Sch.A. *München*
600 Mark Pf.

zum Auftrag
an *Josef Mayer*
in *Lechhausen*
vom *20. Septbr. 1916*
Kassenzeichen
Buchungs-Nr.
des Auftraggebers

Zahlkarte.

Nr.
des Auftrags

Aufgabestempel

Zu wiederholen (die Mark in Buchstaben):

auf *600* Mark Pf.
Sechshundert Mark Pf.
zur Gutschrift auf das Konto Nr. *2985*
Johann Schmid
in Landsberg
beim Postscheckamt in *München*

Postvermerk: Nr. — eingetragen durch: — Ankunfts-Nr.
B 530 — am

10,7 cm

Satzperforierlinie

(Vorderseite des ersten Teils)

Postauftrag

Nr. des Auftrags

(Zur Einziehung von Geldbeträgen innerhalb Deutschlands)

Die Post wird beauftragt, von *Josef Mayer,*
Schlossermeister in *Lechhausen*
(Straße und Hausnummer)
am *24. September 1916* den Betrag von *600* Mark Pf.
wörtlich *Sechshundert* Mark Pf.
unter Aushändigung von *3* Anlagen einzuziehen.
Landsberg, den *20. September* 191*6*.
Name des Auftraggebers: *Johann Schmid*
Wohnung: (Straße und Hausnummer) *Eisenhandlung*

B 530

10,7 cm

15,2 cm

Anmerkung: Der Postauftrag mit anhängender Zahlkarte wird auf hellgrünem Papier mit rotem Druck hergestellt. Vgl. hiezu Mustereintrag Nr. 10 des Postscheck-Gegenkonto Seite 106, wobei 25 Pf. Zuschlag hinzukommen, wenn als Auftraggeber eine staatliche Kasse in Frage steht.

Beilage 5.

(Rückseite des zweiten Teils)

1. Durch Postauftrag können innerhalb Deutschlands Gelder bis 800 ℳ eingezogen werden. Dem Postauftrage sind die quittierten Rechnungen, Wechsel usw. beizufügen; die Zahl der Anlagen ist bei dem Vordruck anzugeben. Die Beifügung mehrerer Wechsel usw. ist gestattet, wenn der Gesamtbetrag von demselben Zahlungspflichtigen gleichzeitig einzuziehen ist und 800 ℳ nicht übersteigt. Briefe dürfen dem Postauftrage nicht beigefügt werden.
   Der Auftraggeber hat die angebogene Zahlkarte auszufüllen. Auf dem Abschnitte kann der Name des Zahlungspflichtigen wegbleiben, wenn ein Kassenzeichen oder eine Buchungsnummer angegeben wird.
2. Soll die Vorzeigung an einem bestimmten Tage erfolgen, so ist dieser Tag im Formular anzugeben. Die Einlieferung des Postauftrags darf dann nicht früher als 7 Tage vorher erfolgen.
3. Will der Auftraggeber, daß der Postauftrag nach einmaliger vergeblicher Vorzeigung oder nach dem ersten vergeblich gebliebenen Versuche der Vorzeigung an ihn zurück- oder an eine dritte Person weitergesandt oder an eine zur Aufnahme von Wechselprotesten befugte Person abgegeben werde, so ist dies auf der Rückseite des Formulars durch die Vermerke „Sofort zurück“, „Sofort an N. in N.“ oder „Sofort zum Protest“ zu bezeichnen. Falls die Protestierung durch die Post gewünscht wird, ist das für Postprotestaufträge vorgeschriebene besondere Formular zu benutzen. Für Postproteste werden erhoben bei Wechseln bis 500 ℳ 1 ℳ, bei höheren Wechseln 1 ℳ 50 Pf.
4. Der Postauftrag ist unter Umschlag an die Postanstalt des Zahlungspflichtigen abzusenden, mit 35 Pf. zu frankieren und mit der Aufschrift „Postauftrag nach . . . .“ (Name der Postanstalt) zu versehen. Die Vereinigung mehrerer Postaufträge zu einer Sendung ist unzulässig.
5. Der eingezogene Betrag wird durch die angebogene Zahlkarte dem Postscheckkonto des Auftraggebers überwiesen.
6. Die Postverwaltung haftet für eine Postauftragsendung wie für einen eingeschriebenen Brief, für den eingezogenen Betrag wie für einen auf Zahlkarte eingezahlten Betrag.

(Rückseite des ersten Teils)

Postvermerk

. . . .

Nicht angetroffen . . . .

Frist verlangt . . . .

Nicht eingelöst . . . .

Verweigert . . . .

. . . .

Beilage 6
(AB. zu § 4).

Zahlkarte

Die **Beilage 6** ist dem Zahlkarten-Vordruck Beil. 5 gleichlautend nachgebildet und als zweiter Teil zu nachstehendem Postauftrag zu benützen.

Satzperforierlinie

(*Vorderseite des ersten Teils*)

Postauftrag

(Postprotest innerhalb Deutschlands)

Nr. des Auftrags

Anlage: 1 quittierter Wechsel über Mark .... Pf.

in Buchstaben Mark Pf.

zahlbar am ....

Die Post wird beauftragt, von dem ....

.... in ....

(Straße und Hausnummer des Geschäftslokals, in dessen Ermangelung der Wohnung) ....

den Betrag des beigefügten Wechsels unter Aushändigung dieses Wechsels einzuziehen. Ist Zahlung nicht zu erlangen, so ist gegen den Genannten Protest mangels Zahlung zu erheben.

.............................., den .... 191 ....

Name des Auftraggebers: ....

Wohnung (Straße und Hausnummer) ....

B 531

10,7 cm — 15,2 cm

Anmerkung: Der Postauftrag (Postprotest) mit anhängender Zahlkarte wird auf blauem Papier mit rotem Druck hergestellt.

Bei Überweisung auf das Postscheckkonto eines Dritten z. B. kontoführende Bank ist Abs. III Satz 2 und Abs. IV Satz 3 vom § 3 der PSchO. zu beachten.

Die Erhebung von Wechsel- und Scheckprotesten durch Postbeamte ist laut Bekanntmachung des Reichskanzlers vom 5. August 1908 (RGBl. S. 482) und Änderung der Postordnung für das Deutsche Reich vom 20. März 1900 (Bayer. GVBl. 1908 S. 565—568) bzw. für Bayern laut MinBek. vom 29. August 1908 und Änderung der Postordnung § 20a für das Königreich Bayern vom 27. März 1900 (GVBl. 1908 S. 575—579 und 1915 S. 606/607) geregelt.

Beilage 6.

(Rückseite des ersten Teils)

1. Diesem Formular dürfen **nicht** beigefügt werden: Wechsel über mehr als 800 ℳ, Wechsel in fremder Sprache sowie Wechsel, die an mehreren Stellen vorzulegen sind (Wechsel mit Notadresse, Ehrenannahme).
2. Außer dem Wechsel dürfen sonstige Anlagen nicht beigefügt werden, auch nicht mehrere Wechsel oder mehrere Exemplare desselben Wechsels.
3. Im Formular ist der Zahlungstag des Wechsels anzugeben, bei Wechseln auf Sicht (bei Sicht) der Tag, an dem die Vorzeigung erfolgen soll. Ist ein auf Sicht lautender Wechsel bereits vorgezeigt worden, so ist dies vom Auftraggeber hierunter (also auf der Rückseite des Postauftragsformulars) durch den Vermerk „Der Wechsel ist vorgezeigt am . . . .“ anzugeben.

   Der Auftraggeber hat die angebogene Zahlkarte auszufüllen. Auf dem Abschnitte kann der Name des Zahlungspflichtigen wegbleiben, wenn ein Kassenzeichen oder eine Buchungsnummer angegeben wird.
4. Der Postauftrag ist als Brief mit der Aufschrift „Postauftrag nach . . . .“ (Name der Postanstalt) **stets** an die Postanstalt zu senden, zu deren Bezirke der im Wechsel angegebene Zahlungsort gehört. Die Gebühr beträgt 35 Pf. Die Vereinigung mehrerer Postaufträge zu einer Sendung ist unzulässig.
5. Der Postauftrag darf nicht früher als 7 Tage vor dem Zahlungstage des Wechsels eingeliefert werden. Postaufträge, die erst **am letzten Tage der Protestfrist** bei der Bestimmungs-Postanstalt eingehen, können von ihr, ohne daß die Einziehung der Wechselsumme versucht wird, an einen Gerichtsvollzieher, Notar usw. abgegeben werden.
6. Will der Auftraggeber, daß der Postauftrag ohne Innehaltung einer Protestfrist nach einmaliger vergeblicher Vorzeigung oder nach dem ersten vergeblichen Versuche der Vorzeigung protestiert werde, so ist dies hierunter (also auf der Rückseite des Formulars) durch den Vermerk „Ohne Protestfrist“ zu bezeichnen.
7. Der eingezogene Betrag wird durch die angebogene Zahlkarte dem Postscheckkonto des Auftraggebers überwiesen.
8. Wird die Wechselsumme nicht gezahlt, so wird gegen die im Formular bezeichnete Person von der Post Protest mangels Zahlung nach **Vorschrift der Wechselordnung** erhoben. Der protestierte Wechsel mit Protesturkunde wird dem Auftraggeber unter „Einschreiben“ übersandt.
9. Das Formular ist auch bei Postaufträgen zur Protestierung von Schecks zu benutzen. Der Vordruck ist in diesem Falle handschriftlich entsprechend zu ändern.
10. Die Postgebühren betragen für die Rücksendung des protestierten Wechsels mit Protesturkunde 35 Pf. (im Orts- und Nachbarortsverkehr 28 Pf.); für Postproteste werden erhoben bei Wechseln bis 500 ℳ 1 ℳ, bei höheren Wechseln 1 ℳ 50 Pf.

Beilage 7
(AB. zu § 4).

Zahlkarte.

Die **Beilage 7** ist dem Zahlkarten-Vordruck 5 gleichlautend nachgebildet; nur enthält sie auf dem Abschnitt an Stelle des Vordruck „Zum Auftrag" den Vordruck „Zum Nachnahmepaket". Diese Zahlkarte ist als zweiter Teil zur nachstehenden Paketkarte zu benützen.

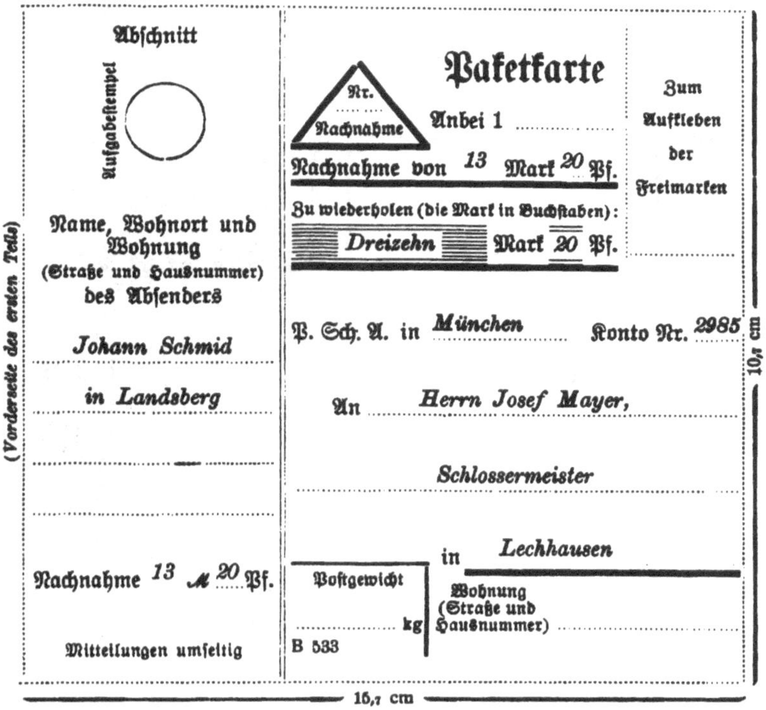
Abschnitt

Aufgabestempel

Name, Wohnort und Wohnung (Straße und Hausnummer) des Absenders

Johann Schmid

in Landsberg

Nachnahme *13* ℳ *20* Pf.

Mitteilungen umseitig

(Vorderseite des ersten Teils)

Paketkarte

Nr. .... Nachnahme

Anbei 1 ....

Nachnahme von *13* Mark *20* Pf.

Zu wiederholen (die Mark in Buchstaben):

Dreizehn Mark *20* Pf.

Zum Aufkleben der Freimarken

P. Sch. A. in *München* Konto Nr. *2985*

An *Herrn Josef Mayer,*

Schlossermeister

in *Lechhausen*

Postgewicht .... kg

Wohnung (Straße und Hausnummer) ....

B 533

15,7 cm

10,7 cm

Anmerkung: Die Nachnahme-Paketkarte mit anhängender Zahlkarte wird auf hellrotbraunem Papier mit rotbraunem Druck hergestellt.

Vgl. Mustereintrag Nr. 2 des Postscheckkonto S. 106.

Handelt es sich um eine von einer staatlichen Kasse zu erhebenden Nachnahme, (Ziff. 3 Abs. VI und Ziff. 4 Abs. IV der Vorschriften für Unterrichtsanstalten S. 83 u. 84) und Nr. 4 Abs. 5 für Justiz Seite 95), so ist außer dem Gebührenzuschlag zu 15 Pf. auch das Porto und die Vorzeigegebühr mit in den Betrag der Nachnahme und Zahlkarte einzubeziehen).

Beilage 7.

Mitteilungen

Lagernummer

Quittung des Empfängers
(bei Wertsendungen)

Umstehend bezeichnete Sendung erhalten

(Name)

Postvermerk

Nicht angetroffen ....

Frist verlangt

Nicht eingelöst ....

Verweigert

Zur Beachtung.

Zu jedem Nachnahmepaket ist eine **besondere** Paketkarte auszufertigen. Die angebogene Zahlkarte ist vom Absender auszufüllen. Gibt er hierbei auf dem Abschnitt ein Kassenzeichen oder eine Buchungsnummer an, so braucht der darüber befindliche Vordruck („an ...“ „in ...“) für den Namen des Empfängers nicht ausgefüllt zu werden.

In den Paketkarten ist hinter dem Wort „Anbei 1“ die Art der Sendung (ob Paket in Papier oder Leinen, Kiste usw.) zu bezeichnen und bei Wertangabe der Betrag mit dem Zusatze „Wert“ zu vermerken.

Soll die Sendung frankiert werden, so ist das Wort „frei“ **auf den Abschnitt** unterhalb der Angabe des Absenders niederzuschreiben. Zum Aufkleben der Freimarken dient der dafür bezeichnete Raum auf der Vorderseite der Paketkarte.

Der **Abschnitt** der Paketkarte kann zu schriftlichen oder gedruckten Mitteilungen verwandt und vom Empfänger zurückbehalten werden.

Die zu den Paketkarten gehörenden **Sendungen** selbst sind mit einer **Aufschrift** zu versehen, die die vollständige Adresse des Empfängers und die sonstigen wesentlichen Angaben der Paketkarte (Frankierungs- und Portofreiheitsvermerk, Verlangen der Eilbestellung usw., Wertbetrag und bei Nachnahme den Betrag und die Adresse des Absenders) enthält. Auch empfiehlt es sich, in der Paketaufschrift an entsprechender Stelle zu wiederholen, welchem Konto (Nr., Postscheckamt) der Nachnahmebetrag durch Zahlkarte überwiesen werden soll. **Die Bestimmungs-Postanstalt ist möglichst groß und deutlich anzugeben. Paketkarten sind zum Aufkleben auf die Sendungen nicht zu verwenden.**

(Rückseite des ersten Teils)

Beilage 8
(AB. zu § 4).

Zahlkarte.

Die **Beilage** 8 ist dem Zahlkarten-Vordruck Beilage 5 mit der Abweichung auf dem Abschnitt, allwo für „Zum Auftrag“ der Vordruck „Zur Nachnahmekarte“ sich befindet, gleichlautend nachgebildet und als zweiter Teil zur nachstehenden Nachnahmekarte zu benützen.

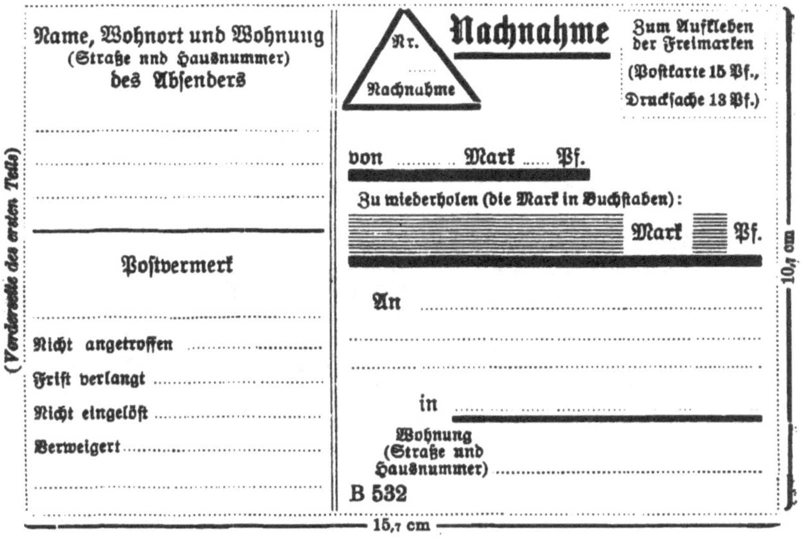

Name, Wohnort und Wohnung (Straße und Hausnummer) des Absenders

Postvermerk

Nicht angetroffen ....

Frist verlangt ....

Nicht eingelöst ....

Verweigert ....

(Vorderseite des ersten Teils)

Nr. ...... Nachnahme

Nachnahme

Zum Aufkleben der Freimarken (Postkarte 15 Pf., Drucksache 13 Pf.)

von .... Mark ...... Pf.

Zu wiederholen (die Mark in Buchstaben):

Mark Pf.

An ....

in ....

Wohnung (Straße und Hausnummer) ....

B 532

15,7 cm

10,7 cm

Anmerkung: Die Nachnahmekarte mit anhängender Zahlkarte wird auf hellrotbraunem Papier mit rotbraunem Druck hergestellt.
Die Rückseiten der Nachnahmekarte und der Zahlkarte sind unbedruckt.

Beilage 9
(AB. zu § 4).

Zahlkarte.

Die **Beilage** 9 ist dem Zahlkarten-Vordruck Beilage 5 gleichlautend wie die Zahlkarten 7 und 8, jedoch mit dem Vordruck auf dem Abschnitt „Zur Nachnahme“ — nachgebildet und rechtsseitig mit einem 2,2 cm gummierten Klebestreifen versehen.

Je nach der Zuständigkeit des Kontoinhabers lautet der Aufdruck: „PSchA. München oder Nürnberg oder Ludwigshafen“. Der Abschnitt ist statt 3,8 cm hier 6,4 cm breit.

Die Nachnahme-Zahlkarte wird auf hellbraunem Papier mit dunkelblauem Druck hergestellt. Die Rückseite bleibt unbedruckt.

Beilage 10
(AB. zu § 6).

Lastschriftzettel.

Dieser Raum ist bei Einsendung des Schecks oder der Überweisung auszufüllen.

Konto-Nr.: ....

Kontoinhaber: ....

....

Scheck, Überweisung, Heft .... Nr.: ....

Betrag .... ℳ .... Pf.

Mark Pf.

Dieser Betrag ist heute vom obigen Konto abgeschrieben worden zur Zahlung

an ....

in ....

K. Bayer. Postscheckamt.

Aufgabestempel.

B 461

Beilage 11
(AB. zu § 7).

Stamm, der im Überweisungshefte bleibt

(Vorderseite)

Nr. 00
(2985)

415 M 15 Pf.
am 20. Dezbr. 1916
an die in der Anlage
Benannten und zwar
Josef Huber 200 M.,
Xaver Mayer 115 M.,
Paul Schmidt 100 M.
15 Pf.

415 M 15 Pf.
zur Gutschrift auf Konto
Nr. laut
Anlage
beim Postscheckamt
in München

Stempel des PSchA.

überwiesen
von Johann
Schmid
in Landsberg
Konto Nr. 2985
Datum 20. XII. 16

Heft:
Nr. 00
Kontoinh.:

Konto-Nr. 2985

415 M 15 Pf.

Das Kgl. Bayer. Postscheckamt in München überweise aus meinem / unserem Guthaben

Vierhundertfünfzehn Mark 15 Pf.

auf das Konto Nr. ... be ...
laut Anlage
beim Postscheckamt in München.
(Ort) Landsberg, den 20. Dezbr. 1916. Unterschrift:
Johann Schmid.

Stempel des PSchA.

000001

Beilage 11.

(Rückseite)

Vermerke des P. Sch A.

Scheckstelle

Lastschrift

Mchn Nr. .... / ....

(Buchungsvermerk der Kontostelle)

Gutschrift

(Buchungsvermerk der Kontostelle)

Dieser Abschnitt wird vom Postscheckamt dem Gutschriftenempfänger übersandt

Mitteilungen

Stamm, der im Überweisungshefte bleibt

Beilage 12
(AB. zu § 7).

Anlage zur Sammelüberweisung

Konto-Nr. *2985*, Kontoinhaber *Johann Schmid in Landsberg*

Nr. ...., Heft .... des Überweisungsformulars.

Zur gefl. Beachtung! 1. Es wird dringend ersucht, bei mehr als zehn Aufträgen für die Konten des eigenen Postscheckamts und für die der fremden Postscheckämter getrennte Anlagen zu verwenden und die Gesamtsumme auf einer Anlage vorzutragen.
2. Dieser Anlage ist ein Überweisungsformular auf den Betrag der Gesamtsumme beizufügen. Die Anlage ist zu unterschreiben.
3. In der Anlage können nur solche Aufträge aufgenommen werden, die bei einem deutschen Postscheckamt gutzuschreiben sind.
4. Es ist zulässig, die Anlage in doppelter Ausfertigung dem Postscheckamt vorzulegen; die Zweitschrift wird alsdann mit dem nächsten Kontoauszug zurückgesandt.

Lfde. Nr.	Adresse des Gutschriftempfängers	Postscheckamt, bei dem das Konto geführt wird	Konto-Nr.	Betrag ℳ	Betrag Pf.	Raum für dienstliche Vermerke des Postscheckamts
			Übertrag			
1	*Huber Josef, Dachau*	*München*	*1668*	*200*		
2	*Mayer Xaver, Rosenheim*	*„*	*1055*	*115*		
3	*Schmidt Paul, Hersbruck*	*Nürnberg*	*2514*	*100*	*15*	
4						
			Sa.	*415*	*15*	
5						
6						
7						
8						
9						
0						

Landsberg, den *20. Dezember* 191*6*

(Unterschrift)
Johann Schmid.

Vgl. hiezu Mustereintrag Nr. 14 des Postscheck-Gegenbuches Seite 106. Als Gebührenzuschlag wären, wenn die Zahlungen aus einer staatlichen Kasse geleistet werden, je 5 Pf. mithin 15 Pf. abzuziehen und weniger (Beilage 11) zu überweisen.

Beilage 13
(AB. zu § 7).

200 ℳ *—* Pf.*)

zur Gutschrift auf Konto

Nr. *1668 für Josef*

Huber in Dachau

beim Postscheckamt

in *München*

Stempel des PSchA.

überwiesen

von *Johann Schmid*

Eisenhandlung

in *Landsberg*

Konto Nr. *2985*

Datum *20. / XII. 1916.*

*) Betrag wie in der Anlage zur Sammelüberweisung.

Beilage 14
(AB. zu § 7)

(Vorderseite)

D. B. D.-Bz. München

.... ℳ .... Pf.

Zur Gutschrift auf Konto

Nr. 30 045

Postscheckamt Berlin NW 7

Stempel des PSchA.

überwiesen von

Name: ....

Absender
Wohnort: ....
Straße: .... Nr. ......
Postanstalt: ....
Konto Nr.: ....

Beiträge f. d. Monat ....

14

(Rückseite)

Fällige Beiträge. I. Nach § 176 des Gesetzes

in Gehaltsklasse		von	Anzahl		im Gesamtbetrage von	
von über ... ℳ bis zu ... ℳ	Buchstabe	je ℳ	ganz	halbe (§ 390)	ℳ	₰
—550	A	1.6				
550—850	B	3.2				
850—1150	C	4.8				
1150—1500	D	6.8				
1500—2000	E	9.6				
2000—2500	F	13.2				
2500—3000	G	16.6				
3000—4000	H	20.0				
4000—5000	J	26.6				
II. Nach § 177:						
a) 8% des Entgelts von . . .				ℳ =		
b) 4% (§ 390) des Entgelts von				ℳ =		
				Summe . . .		

Die Nachweisung über die fälligen Beiträge
Eine Veränderungsanzeige
ist abgesandt am ....
ist nicht erforderlich, weil Veränderungen nicht eingetreten sind.

Das Nichtzutreffende ist zu streichen.

Anmerkungen zu nebenstehenden Formular (Beilage 15).

Anmerkung: Die Schecks werden in folgender Beschaffenheit verwandt:

Reichs-Postgebiet; Weißes Papier mit folgendem Unterdruck und Aufdruck

PSchA.	Berlin:	Unterdruck	gelbbraun,	Aufdruck	schwarz
"	Breslau:	"	olivgrün,	"	olivgrün,
"	Cöln:	"	hellblau,	"	zinnoberrot,
"	Danzig:	"	gelbbraun,	"	hellgrün,
"	Frankfurt a. M.:	"	olivgrün,	"	lila,
"	Hamburg:	"	lila	"	schwarz,
"	Hannover:	"	gelbbraun,	"	zinnoberrot,
"	Karlsruhe (Baden):	"	lila	"	lila,
"	Königsberg (Pr.):	"	lila,	"	zinnoberrot,
"	Leipzig:	"	hellblau,	"	hellgrün.

Bayern

PSchA.	Ludwigshafen (Rhein):	Papier	weiß,	Aufdruck	grün,
"	München:	"	weiß,	"	blau,
"	Nürnberg:	"	weiß,	"	rotbraun;

Württemberg

PSchA. Stuttgart: Unterdruck gelbbraun, Aufdruck blau.

Beilage 15
(AB. zu § 9).

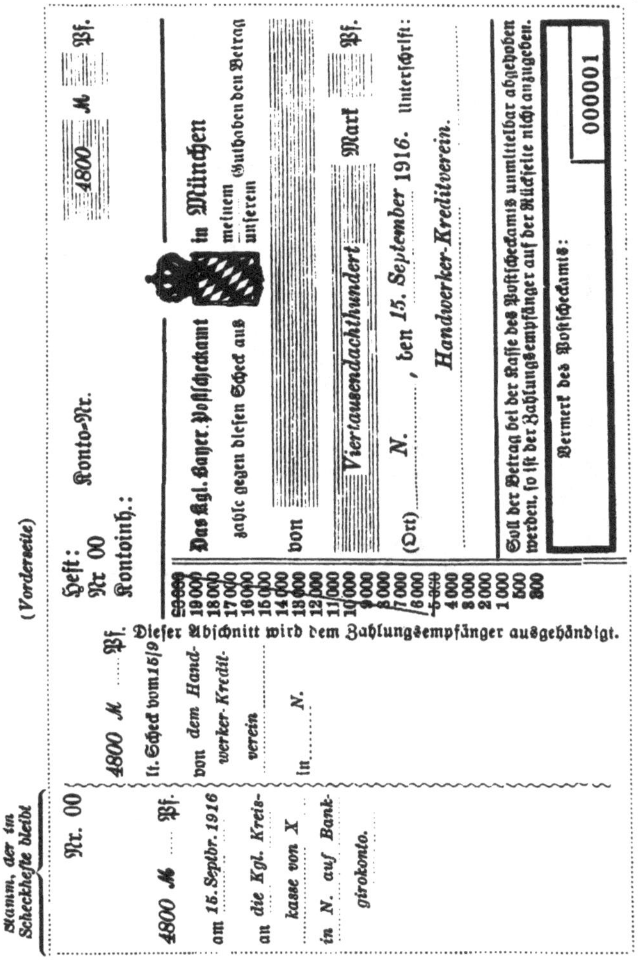

Stamm, der im Scheckhefte bleibt

Nr. 00

4800 M ... Pf.
am 15. Septbr. 1916
an die Kgl. Kreiskasse von X
in N. auf Bankgirokonto.

4800 M ... Pf.
lt. Scheck vom 15/9
von dem Handwerker-Kreditverein
in N.

Dieser Abschnitt wird dem Zahlungsempfänger ausgehändigt.

(Vorderseite)

Heft:
Nr 00 Konto-Nr.
Kontoinh.:

4800 M Pf.

20000
19000
18000
17000
16000
15000
14000
13000
12000
11000
10000
9000
8000
7000
6000
5000
4000
3000
2000
1000
500
300

Das Kgl. Bayer. Postscheckamt in München
zahle gegen diesen Scheck aus meinem / unserem Guthaben den Betrag
von Viertausendachthundert Mark Pf.
(Ort) N., den 15. September 1916. Unterschrift:
Handwerker-Kreditverein.

Soll der Betrag bei der Kasse des Postscheckamts unmittelbar abgehoben werden, so ist der Zahlungsempfänger auf der Rückseite nicht anzugeben.

Vermerk des Postscheckamts:

000001

Zahlungsschecks können, wenn sie mit dem Vermerke „Nur zur Verrechnung" versehen sind, auch auf höhere Beträge als 20000 M lauten; ebenso Sammelschecks (vgl. Erläuterung zu § 9 Abs. II der PSchO. S. 23).

Werden Schecks staatlicher Kassen der K. Bank zum Einzug zugewiesen, so empfiehlt es sich die Rückseite unausgefüllt zu lassen, da sonst der Geldbetrag dem Postscheckkonto der Bankanstalt gutzuschreiben wäre und doppelte Gebühren (§ 6 Abs. VIIª der PSchO.) erwachsen würden.

Beilage 15.

(Rückseite)

Adresse für die Postbeförderung.

Umstehender Betrag ist zu zahlen

an *die Kgl. Filialbank*

in *N.*

Straße und Hausnummer

Zahlungsanweisung Nr.

Vermerk des PSchA. München

Für das PSchA. Ankunft-Nr.

Ankunftstempel

Aushändigungsvermerk

Umstehenden Betrag erhalten

Quittung des Empfängers

Mitteilungen

Kapitals- und Zinszahlung zugunsten des Industrie-Unterstützungsnebenfonds für die Kgl. Kreiskasse in N.

Stamm, der im Schecklhefte bleibt

Beilage 16
(AB. zu § 9).

Anlage zum Sammelscheck.

Konto-Nr. , Kontoinhaber *Kreispensionsanstalt für dienstunfähige Lehrpersonen*

Nr. , Heft .... des Scheckformulars.

Zur gef. Beachtung!

1. Dieser Anlage ist ein Scheck auf den Gesamtbetrag beizufügen. Zur Sicherung gegen Unterschleife ist im Scheck in dem für die Adresse bestimmten Raum der Vermerk „laut Anlage" niederzuschreiben.
2. Diese Anlage ist zu unterschreiben.
3. Sämtliche Beträge müssen zur Auszahlung in bar bestimmt und nach Orten **innerhalb des Deutschen Reichs** gerichtet sein.
4. Es ist zulässig, die Anlage in doppelter Ausfertigung dem Postscheckamt vorzulegen; die Zweitschrift wird alsdann mit dem nächsten Kontoauszug zurückgesandt.

Lfd. Nr.	Des Zahlungsempfängers Name	Wohnort	Betrag ℳ	Pf.	Raum für dienstliche Vermerke des Postscheckamts
		Übertrag	*1974*		
161	*Roth Ferd., Lehrer a. D.*	*Füssen*	*56*		
2	*Auer Max*	*Günzburg*	*87*		
3	*usw. für*				
4	*insgesamt mehrerer Hun*	*dert Empfänger*			
5		*Summe*	*3865*		
6					
7					
8					
9					
0					

.... , den .... 191.... (Unterschrift)

B 526 ....

Nach KultusMinistEntschl. vom 4. Mai 1911 Nr. 10806 können bei Auszahlung der Ruhegehalte aus der Kreispensionsanstalt für dienstunfähige Lehrpersonen durch die Post die erwachsenen Postgebühren auch dann auf die Staatskasse übernommen werden, wenn es sich um Empfänger am Sitze der Kreispensionsanstalt handelt; jedoch ist diese Genehmigung an die Bedingung geknüpft, daß diese Auszahlung insgesamt der Kostenersparnis halber nicht mehr durch Postanweisung, sondern im Postscheckverkehr bewirkt wird.

Für Sammelschecks-Anlagen, die eine größere Zahl von Empfängern enthalten, braucht, gleichviel ob der Betrag in einer Summe zusammengezählt ist oder sich aus mehreren Einzelnbeträgen der Anlageblätter zusammensetzt. nur ein Scheck (Beilage 15) ausgefertigt werden.

Die Zusammenfassung von Zahlungen, die nach Anlage (Beilage 16) zu vollziehen sind, mit solchen, für welche Einzeln-Lastschriftzettel (Beilage 10) beigefügt werden, wird jedoch vom PSchA. aus betriebstechnischen Gründen für unzulässig bezeichnet; hier sind also je besondere Schecks nach Beilage 15 erforderlich.

Beilage 17
(AB. zu § 11)

12,5 cm

18,5 cm

Franko
für Briefe
7½ Pf.

Postscheckbrief

nach

(München 1)

Postscheckamt

Konto des Absenders:

(München) Nr.

Postscheckverkehr

(daher Ortstaxe)

B 507 14.

Die Ortsportogebühr beträgt seit 1. August 1916 7½ Pf. (GVBl. 1916 S. 148). Für die Staatsbehörden sind Dienstwertzeichen eingeführt, die gleich den Portomarken zur Verwendung gelangen. Vgl. MinBek. vom 15. Juli 1916 (GVBl. S. 108 ff.). Die Bestimmungen über die Portoablösungen in Ziff. II der MinBek. vom 22. Dezember 1907 (GVBl. S. 1086 ff.) sind seit 1. August 1916 außer Kraft getreten.

Nach FinMinEntschl. vom 5. November 1913 Nr. 35 601 sind Namensschecks und Überweisungen in gewöhnlichen Briefen, also unter Benützung des Briefumschlages Beil. 17, zu versenden; dagegen hat es bezüglich der Inhaberschecks bei der Versendung in Wertbriefen zu verbleiben.

Staatsministerium für Verkehrsangelegenheiten.

Bekanntmachung.

(GVBl. 1914 Nr. 19 S. 110/112).

Die Postordnung für das Königreich Bayern vom 27. März 1900 (GVBl. Nr. 17) wird wie folgt, geändert:

Hinter § 18 wird folgender neuer Paragraph eingeschaltet:

§ 18a (jetzt § 25) Postkreditbriefe.

I Postkreditbriefe können auf alle durch 50 teilbare Summen bis 3000 ℳ ausgestellt werden. Ihre Gültigkeitsdauer beträgt 4 Monate, vom Tage der Ausstellungen gerechnet.

II Postkreditbriefe werden von den Postscheckämtern ausgefertigt, Bestellungen darauf nimmt jede Postanstalt entgegen. Der Besteller zahlt den Betrag, auf den der Postkreditbrief lauten soll, zur Gutschrift auf ein anzulegendes Kreditbriefkonto mit Zahlkarte an das für den Einzahlungsort zuständige Postscheckamt und bezeichnet in der Zahlkarte die Person, für die der Postkreditbrief ausgestellt werden soll, genau nach Namen, Wohnort und Wohnung. Soll der Postkreditbrief an eine andere als die an der Zahlkarte angegebene Adresse gesandt werden, so ist dies auf dem Abschnitte zu beantragen. Hat der Besteller ein Postscheckkonto, so kann er davon den Betrag des Postkreditbriefes auf das bei demselben Postscheckamte anzulegende Kreditbriefkonto überweisen. Der Postkreditbrief wird der als Inhaber bezeichneten Person unverzögert portofrei übersandt. Die Postverwaltung haftet jedoch nicht für die rechtzeitige Aushändigung des Postkreditbriefes.

III Der Inhaber kann gegen Vorlegung des Postkreditbriefes und Nachweis seiner Empfangsberechtigung bei jeder Postanstalt während der Schalterdienststunden Beträge seines Guthabens abheben. Dieser Anspruch ist nicht übertragbar. Die Teilbeträge müssen durch 50 teilbar sein, der Höchstbetrag ist 1000 ℳ. Mehr als 1000 ℳ dürfen an einem Tage nicht abgehoben werden. Die Rückzahlung erfolgt gegen Empfangsbescheinigung auf einem der im Postkreditbriefe enthaltenen zehn Vordrucke, der von dem Auszahlungsbeamten bei der Zahlungsleistung aus dem Hefte losgetrennt wird. Die handschriftliche Ausfüllung der Vordrucke, darf nur mit Tinte geschehen. Bei der letzten Abhebung bleibt der Postkreditbrief mit den nicht benützten Vordrucken in Gewahrsam der Postverwaltung.

Die Berechtigung zum Empfang von Rückzahlungen hat der Abheber durch eine auf ihn lautende Postausweiskarte (§ 37 III Abs. 2) nachzuweisen.

IV Stehen der Auszahlungs-Postanstalt die erforderlichen Geldmittel augenblicklich nicht zur Verfügung, so kann die Auszahlung erst verlangt werden, nachdem die Mittel beschafft sind.

V Die Postverwaltung haftet für die auf Kreditbriefkonto gutgeschriebenen Beträge in gleicher Weise, wie für Postanweisungen.

Alle Nachteile, die aus dem Verlust oder der mißbräuchlichen Benutzung des Postkreditbriefes entstehen, trägt der Inhaber.

VI Es werden erhoben:

1. für die mit Zahlkarte zu leistende Bareinzahlung oder für die Überweisung von einem Postscheckkonto die tarifmäßige Gebühr (§ 9 der Postscheckordnung),
2. für die Ausfertigung des Postkreditbriefs 50 Pf.,
3. für jede Rückzahlung
   a) eine feste Gebühr von 5 Pf.,
   b) eine Steigerungsgebühr von 5 Pf. für je 100 ℳ oder Teile davon.

Die Gebühren unter 1 und 2 werden bei der Bestellung des Postkreditbriefes mit Zahlkarte vom Antragsteller bar erhoben, bei der Bestellung mit Überweisung vom Postscheckamte des Antragstellers abgebucht. Die Rückzahlungsgebühren (3) werden bei jeder Abhebung eingezogen.

VII Wenn nach Ablauf der viermonatigen Gültigkeitsdauer des Postkreditbriefes noch ein Restguthaben verbleibt, so wird dieser Betrag auf Antrag, dem der Postkreditbrief mit den übrig gebliebenen Quittungsvordrucken beizufügen ist, von dem Postscheckamte, das ihn ausgefertigt hat, an den Inhaber zurückgezahlt. Die Rückzahlung erfolgt mit Zahlungsanweisung oder durch Gutschrift auf das Postscheckkonto des Kreditbriefinhabers. Die Gebühr für die Geldübermittlung oder Überweisung ist von dem Restguthaben abzuziehen.

Vorstehende Bestimmungen treten am 1. Mai 1914 in Kraft.

München, den 28. April 1914.

von Seidlein.

C.

Bekanntmachung.

Den Anschluß der Ämter und Kassen der Finanzverwaltung an den Post-Überweisungs- und Scheckverkehr betr.

K. Staatsministerium der Finanzen.

(FinMinBl. 1909 Nr. 18 S. 561—567).

1.

Die Zentralstaatskasse, das Katasterbureau, das Hauptmünzamt, die Bergwerks-Hauptkasse, die Kreiskassen, die Rentämter, das Hofbräuamt und die Berg-, Hütten- und Salinenämter haben sich nach Maßgabe der Postscheckordnung für das Königreich Bayern[1] vom 17. November 1908 (Ges. u. VOBl. S. 981 ff.) Konten bei einem Postscheckamt eröffnen zu lassen[2] und zwar die Kassen und Ämter, die ihren Sitz in den Regierungsbezirken Oberbayern, Niederbayern und Schwaben haben, beim Postscheckamte München, die Kassen und Ämter der Pfalz beim Postscheckamte Ludwigshafen am Rhein, die übrigen Kassen und Ämter beim Postscheckamte Nürnberg.[3]

1. Postscheckordnung vom 7. Juni 1914 (GVBl. S. 160 ff.), auf welche, als jetzt maßgebend, durch Bezeichnung der einschlägigen Paragraphen in der gegenständigen MinBek., soweit die bezüglichen Vorschriften in Wechselbeziehung stehen, verwiesen ist. (Hiezu § 1 Abs. I, IV, V PSchO. S. 7 u. 8 und §§ 2—4, 8 u. 9 PSchG. S. 2—4.)

2. Nach FMBek. vom 10. Juli 1916 Nr. 17019 sollen die staatlichen Kassen nichts unversucht lassen, den bargeldlosen Zahlungsverkehr nach jeder Richtung hin weiter auszugestalten. In bezug auf den Postscheckverkehr ist in Abs. IV darauf hingewiesen, daß von Privatpersonen auf das Postscheckkonto der in Abs. I benannten Kassen und Ämter alle an diese zu leistenden Zahlungen überwiesen oder mittels Zahlkarte einbezahlt werden können; ferner (Abs. IX) daß, wenn für kleinere Geschäftsleute, Handwerker usw. die Errichtung eines Bankkonto die sonst damit verbundenen Vorteile nicht bieten sollte, der Anschluß an den Postscheckverkehr gute Dienste leisten würde.

3. Auch die Gerichte und Strafanstalten sind zufolge Justiz- und FMEntschl. vom 11. August 1910 (FMBl. S. 240—246) an den Post-Überweisungs- und Scheckverkehr angeschlossen, während für die dem K. Staatsministerium des K. Hauses und des Äußern sowie des Innern untergeordneten Stellen und Behörden es nach MBek. vom 21. Februar 1910 (FMBl. S. 43—60), dann für die Unterrichts-, Bildungs- usw. Anstalten bzw. deren Kassenverwaltungen nach KultusMBek. vom 28. Dezember 1910 (KMBl. 1911 S. 4—10), es als erwünscht bezeichnet wurde, sich dem Postscheckverkehr im Bedürfnisfalle anzuschließen. (Vgl. D und E S. 79—81 u. 92; bezüglich Notariate S. 99.)

Für die Sparkassen der Distrikte und Gemeinden sind in § 22 der MBek. vom 31. Oktober 1912 (Inn.-MBl. Nr. 50 S. 1087 ff.)

hinsichtlich des Bank- und Postscheckverkehrs Vorschriften enthalten und in bezug auf das Kassenwesen der Gemeinden und Stiftungen ist durch MinE. vom 16. Mai 1913 (FMBl. Nr. 16 S. 359/60) die Zahlungsleistung an auswärtige Empfänger im Postanweisungs- und Postscheckverkehr angeordnet worden. (Vgl. S. 91.)

2.

I Zweck des Anschlusses der Kassen und Ämter an den Post-Überweisungs- und Scheckverkehr ist zunächst hauptsächlich die Entgegennahme von Zahlungen im Verkehre mit Privatpersonen.[1]

II Die Überweisungen von Geldern zwischen Kassen, welchen ein Girokonto bei der K. Bank eröffnet ist, haben im Wege des Giroverkehrs durch die K. Bank zu erfolgen. Ablieferungen von Geldern (Überschüssen 2c.) sind, abgesehen von dem Falle Ziff. 5 Abs. III, an die empfangenden Kassen bzw. auf deren Konto bei der K. Bank vorerst nicht im Wege des Post-Überweisungs- und Scheckverkehrs zu betätigen, desgleichen nicht Zahlungen dieser Kassen bzw. der K. Bank an die Ämter (Vorschüsse 2c.), Einzahlungen und Abhebungen auf das eigene Konto bei der K. Bank; ebenso sind Lieferungen von Gebühren- 2c. Schuldigkeiten der Notariate und Gerichtsschreibereien an die Rentämter nicht durch Einzahlung auf das Postscheckkonto der Rentämter zu bewerkstelligen.[2]

[Kleinere Beträge, welche die Kassen und Ämter unter sich auszugleichen haben, sind nach Abs. 7 der FinMinEntschl. vom 14. Oktober 1916 (FinMinBl. S. 166) zur Entlastung des Giroverkehrs mit der K. Bank im Postscheck-Überweisungsverkehr zu bewirken.]

III Von den Ämtern und Kassen ist ein Antrag, die für sie eingehenden Postanweisungen ihrem Postscheckkonto gutzuschreiben (§ 4 Abs. 1 der Postscheckordnung) nicht zu stellen.

IV Auf Verlangen von Inhabern von Postscheckkonten können Zahlungen an diese nach vorheriger Einsendung einer vorschriftsmäßigen Quittung im Wege der Überweisung geleistet werden.[3] Steht den Kassen und Ämtern zu Zahlungen durch Überweisung auf das Scheckkonto Dritter ein ausreichendes Guthaben nicht zur Verfügung, so sind die Beträge mittels Zahlkarte auf das Konto des Dritten einzuzahlen.[4]

V Schecks zur Begleichung von Zahlungen aus dem Guthaben sind, abgesehen von solchen zum Zwecke der Übertragung des Postscheckguthabens auf ein Girokonto bei der K. Bank (Ziff. 5), bis auf weiteres in der Regel nicht auszufertigen.[5]

Als Ergänzung zu Abs. V ist folgende in der MBek. vom 25. Juli 1916 „**Die Einführung von Dienstwertzeichen für den amtlichen Verkehr betreffend**“ unter Ziff. I Abs. 6 Satz 2 Buchstabe e enthaltene Anordnung zu betrachten (GVBl. 1916 S. 108).

„**Ämter und Kassen, die an den Postscheckverkehr angeschlossen sind, haben künftig alle Zahlungen, die bisher durch Postanweisung erledigt wurden, im Wege des Postscheckverkehrs zu leisten.**

Soweit die Übersendung mittels Postanweisung auf Grund besonderer Bestimmungen bisher ohne Verrechnung von Porto erfolgte, sind auch künftig den Empfängern Postgebühren nicht in Anrechnung zu bringen.“ [6]

Hiezu die FMC. vom 14. Oktober 1916 Nr. 24786, abgedruckt auf S. 75—78 u. vom 17. Januar 1917 Nr. 94 Nachtrag S. 107 u. 108.

1. Solche Einzahlungen können mittels Zahlkarte (§§ 2 u. 3) sowie durch Überweisung (§§ 7 u. 8 PSchO.) erfolgen und unterliegen, abgesehen von der Mitentrichtung der Zuschlagsgebühr nach Ziff. 3 Abs. II gegenw. Bek. keiner Beschränkung. Dagegen sind die Zahlungen von Privaten an die Finanzkassen und Rentämter im Bankgirowege durch FMBek. vom 25. März 1909 (FMBl. S. 345—351) und Ziff. II, III u. IV der FMBek. vom 20. Juli 1913 (FMBl. 377 ff.) an die dort gegebenen Vorschriften gebunden. (Vgl. jedoch hiezu die FMC. vom 14. Oktober 1916 S. 75—78.)

2. Die Gründe, welche dazu führten, daß von der Einbeziehung des Geldverkehrs zwischen den staatlichen Kassen unter sich und zwischen diesen und der K. Bank gemäß FMC. vom 20. April 1909 Nr. 8817 I — abgesehen von dem Falle der Abhebung des nicht benötigten Postscheck-Kontoguthabens — Abstand genommen worden war, sind mit der Einführung der Dienstwertzeichen für den amtlichen Verkehr (MBek. vom 15. Juli 1916, GVBl. S. 108 ff.) weggefallen. Die hier gegebene, durch die Vorschrift in Nr. 3 Abs. 2 letzter Satz und Nr. 6 Abs. 2 für die Justizbehörden (S. 93 u. 96) teilweise durchbrochene Beschränkung, wird im Hinblick auf die FMC. vom 10. Juli 1916 Nr. 17019, soweit sie der Absicht auf weitere Ausgestaltung des bargeldlosen Zahlungsverkehrs hemmend entgegenwirkt, als aufgehoben zu betrachten sein. (Vgl. FMC. vom 17. Januar 1917 Nachtrag S. 107/108.)

3. Für Überweisungen ist § 7, für Barzahlungen § 2 der PSchO. einschlägig. Wegen Erteilung der Einlieferungsbescheinigungen hierüber ist die FMC. vom 7. Juli 1910 (FMBl. S. 170) ergangen; bei Verwendung von Zahlungsanweisungen (Abs. V) ist die FMBek. vom 29. März 1910 (abgedruckt S. 72) zu beachten. Zu der nach Beilage 12 gefertigten Sammelüberweisung wäre der Betrag aus dem Kontoguthaben mit Beilage 11 übertragen zu lassen; wogegen bei Zahlungen an Empfänger, die nicht Inhaber von Postscheckkonten sind, gemäß § 9 Abs. IV PSchO. zum Sammelscheck (Beilage 16) ein Zahlungsscheck (Beilage 15) auszustellen wäre. Vgl. hiezu Anmerkungen 4 u. 5 zu Ziff. 3 Abs. V gegenw. Bek. (S. 59/60) sowie FMC. vom 20. Juli 1913 Ziff. IB und 14. Oktober 1916 S. 74—78.

4. An Stelle der in Abs. IV u. V gegebenen Vorschriften sind durch FME. vom 14. Oktober 1916 (abgedruckt auf S. 75—78) neue den Vollzug der Anordnung vom 25. Juli 1916 Ziff. I Abs. 6 Satz 2 e sichernde Bestimmungen getroffen worden.

5. Einschlägig für die Scheckzahlungen ist § 9 PSchO. (S. 20—24) nebst Beilagen 15/16 S. 49—51, wobei die FME. vom 29. März 1910 und 5. Februar 1912 (S. 72—74), ferner vom 14. Oktober 1916 (S. 75—78) gegebenen besonderen Vorschriften zu beachten sind.

6. Vgl. hiezu die Anmerkungen 3 (S. 57), dann 5 und 6 zu Ziff. 3 gegenständiger Vorschriften (S. 60 u. 61).

3.

I **Bei Einzahlungen und Überweisungen auf das Postscheckkonto der Ämter und Kassen**[1] ist auf den Abschnitten der Zahlkarten und Überweisungsformulare nicht nur Name, Stand und Wohnort der Zahlungspflichtigen sondern auch Betrag, Gattung und Jahrgang der Schuldigkeit sowie bei größeren Ämtern das Hebregisterfolium und zwar, soferne mehrere Zahlungen mittels einer Zahlkarte oder Überweisung erfolgen, für jede dieser Zahlungen einzeln genau anzugeben. Soferne bereits das Mahn- oder Vollstreckungsverfahren eingeleitet sein sollte, liegt es im Interesse der Pflichtigen, sofort das in Frage kommende Amt, gegebenenfalls unter Vorzeigung des Posteinlieferungsscheines von der erfolgten Einzahlung bzw. Überweisung zu verständigen.

II Zur Deckung der den Ämtern und Kassen entstehenden Gebühren und sonstigen Auslagen haben diejenigen, welche auf das Postscheckkonto dieser Ämter und Kassen Einzahlungen leisten oder Übertragungen vornehmen, über den Betrag ihrer Schuldigkeit hinaus noch nachstehende Beträge (Zuschläge) einzuzahlen bzw. zu übertragen[2]:

a) im Falle der Bareinzahlung auf das Konto eines Amtes oder einer Kasse mittels Zahlkarte einen festen Betrag von 5 Pf. sowie weitere 10 Pf. auf je 500 ℳ oder einen Teil dieser Summe, bei Summen, welche 10 ℳ nicht übersteigen, jedoch im ganzen nur 10 Pf.,
b) im Falle der Übertragung auf das Konto eines Amtes oder einer Kasse mittels Überweisung einen festen Betrag von 5 Pf., sowie weitere 5 Pf. auf je 500 ℳ oder einen Teil dieser Summe.

III Werden bei Bareinzahlungen und Übertragungen die von den Zahlungspflichtigen zu leistenden Zuschläge vereinzelt nicht oder nicht in voller Höhe entrichtet, so können die Ämter und Kassen, soferne die Minderleistung offenbar auf Unkenntnis oder Versehen beruht, von der Nachforderung geringfügiger Beträge absehen. Ebenso kann von der Rückvergütung zu viel bezahlter Zuschläge Umgang genommen werden, soferne es sich nur um geringfügige Beträge handelt und die Zahlungspflichtigen die Rückzahlung nicht ausdrücklich verlangen. Derartige Differenzen sind im Gegenkonto in der Rubrik über die von den Zahlungspflichtigen einbezahlten bzw. den Zahlungsempfängern abgezogenen Postgebühren ab- bzw. zuzusetzen [3]. Für etwaige Nachforderungen hat die Bekanntmachung vom 27. April 1905 (Fin.-MinBl. S. 148) entsprechende Anwendung zu finden.

IV Bei Einzahlungen oder Übertragungen auf das Postscheckkonto wird seitens der Ämter und Kassen eine Quittung nur auf ausdrückliches Verlangen erteilt. Wird die Zusendung der Quittung beantragt, so erfolgt diese als portopflichtige Dienstsache, soferne nicht die Postgebühr für die Übersendung bereits miteinbezahlt oder überwiesen worden ist.

V Bei Überweisungen von dem Konto eines Amtes oder einer Kasse auf das Konto eines Dritten wird an der zu übertragenden Summe ein fester Betrag von 5 Pf. in Abzug gebracht [4], soweit nicht nach den bestehenden Bestimmungen die Übersendung des Geldbetrages an den Dritten von den überweisenden Ämtern und Kassen portofrei [5] zu erfolgen hat. In diesem Falle findet ein Abzug an der zu überweisenden Summe nicht statt [6].

1. Die Einzahlung von Gefällen ist hier nicht, wie auf Bankgirokonto (vgl. FMBek. vom 25. März 1909, FMBl. S. 345 ff. und vom 20. Juli 1913 Ziff. II u. III, FMBl. S. 377—381), an bestimmte Voraussetzungen gebunden, sondern richtet sich nach §§ 2 u. 3 bzw. 7 u. 8 PSchO., doch ist die Mitentrichtung der in Ziff. 3 Abs. II a u. b festgesetzten Gebührenzuschläge zur Bedingung gemacht.

2. Diese Zuschläge beziehen sich nicht auf die nach § 2 Abs. XIII und § 6 Abs. VII lit. b PSchO. vom Postscheckamte zu verrechnenden Gebühren und die Telegrammgebühren (§ 3 Abs. IV u. § 8 Abs. V PSchO.), sondern dienen als Ersatz der den Finanzbehörden im Postscheckverkehr erwachsenden besonderen Auslagen. Eine Änderung an diesen Zuschlagsgebührensätzen, worunter auch der Ersatz der für Abhebung (§ 6 Abs. VII a PSchO.) anfallenden Gebühr inbegriffen ist, ist nicht eingetreten.

3. Vgl. hiezu die Anmerkung 3 zu Ziff. 7 Abs. III der gegenw. Bek. (S. 66) und Anmerkungen 2, 3 u. 7 zum Gegenkonto E (S. 102/103 u. 104/105).

4. Wird statt der Überweisung (§ 7 PSchO.) der in § 9 Abs. IV PSchO. vorgesehene Weg benützt, so berechnet sich die Gebühr nach § 6 Abs. VII a PSchO. für jeden Zahlungsposten auf 5 Pf. und die Steigerungsgebühr von $^1/_{10}$ vom Tausend, für welche höhere Gebühr die zahlende Kasse, gleichwie dieses bei den Postanweisungsporto zu

geschehen hatte (vgl. Ziff. 12 der MBek. vom 14. Mai 1909 FMBl. S. 428), nach FME. vom 14. Oktober 1916 Abs. 6 den festen Betrag von 5 Pf. und weitere 5 Pf. für je 500 ℳ oder einen Teil dieser Summe als Zuschlag abzuziehen befugt ist.

5. Mit FME. vom 15. Februar 1900 Nr. 1908 (abgedruckt auf S. 69/71) wurde hinsichtlich der an auswärtige Empfangsberechtigte mittels Postanweisung zu vollziehenden Zahlungen (Ziff. 4) bestimmt, daß die Postanweisungen zu frankieren und diese Portokosten regelmäßig vom Empfangsberechtigten zu ersetzen sind; nur ausnahmsweise wurde bis auf weiteres genehmigt, daß bei Zusendung der unter a, b u. c (S. 70) bezeichneten fortlaufenden Bezüge die Portokosten von der Staatskasse getragen werden.

Als Ergänzung hiezu ist Ziff. 12 der FMBek. vom 14. Mai 1909 (FMBl. S. 428) anzusehen; darnach ist, soweit Ziff. 5 Abs. I der FME. vom 15. Februar 1900 Anwendung zu finden hat, die Postanweisung als „frei durch Ablösung", jetzt mit Dienstwertzeichen versehen (Allerh. Verordg. vom 23. Dezember 1907 mit MBek. vom 25. Dezember 1907/15. Juli 1916, GVBl. 1907 S. 1082 ff. u. 1916 S. 108 ff.) zu versenden, die Postgebühr jedoch dem Empfangsberechtigten aufzurechnen. In jenen Fällen, in denen bisher die Postgebühren für die Postanweisung usw. von der Staatskasse getragen wurden, habe auch künftig die Aufrechnung der Postgebühren zu unterbleiben; diese Vergünstigung soll sich auch auf die Tagegelder und Reisekosten erstrecken.

In einer unterm 31. Dezember 1910 Nr. 30803/09 ergangenen FME. ist zum Ausdrucke gebracht, daß, wenn auch nach der FME. vom 15. Februar 1900 und 14. Mai 1909 bei Geldsendungen an Staatsbeamte durch die Post die Übernahme der Postgebühren seitens der Staatskasse auf die Gehaltsbezüge, dann auf die Taggelder und Reisekosten beschränkt ist, doch in Betracht zu ziehen wäre, daß die Staatskasse auch bei Versendung von Bezügen an nicht im Staatsdienste stehende Personen — an Geistliche, Lehrer und ihre Relikten, an Meßner und Kirchendiener — die Postgebühren trägt, wobei der Begriff „Bezug" im weitesten Sinne auszulegen sei; daß demnach Erwägungen der Billigkeit dafür sprechen, die Staatsbeamten nicht ungünstiger zu behandeln. Von diesem Gesichtspunkte aus betrachtet, bestehe demnach keine Erinnerung, wenn bei der Versendung von besonderen Vergütungen, Unterstützungen und sonstigen einmaligen oder fortlaufenden Geldbewilligungen an Staatsbeamte und ihre Hinterbliebene, soferne diese nicht am Sitze der auszahlenden Kasse wohnen, oder dort ihren Dienstsitz haben, von der Aufrechnung der Postgebühren Abstand genommen wird.

6. Portofreiheit ist ferner für die Versendung der Bezüge aus dem Kaiserl. Dispositionsfonds (FMBl. 1890 S. 159/160) sowie der Unterstützungen für Familien der zu Friedensübungen einberufenen Mannschaften (FMBl. 1871 S. 11) gewährt.

Bei Versendung von Kreisfondszuschüssen für Distriktsstraßen, für Armenzwecke und Naturalverpflegsstationen, für Feuerlöschzwecke, für Hebung der Rindviehzucht, sowie für sonstige öffentliche und gemeinnützige Zwecke findet nach einer FME. vom 1. April 1910 Nr. 39 956 die Bestimmung in Ziff. II J der MBek. vom 25. Dezember 1907 (GVBl.

S. 1089) keine Anwendung, so daß Postgebühren für solche als „frei durch Ablösung" zu bezeichnenden Geldpostsendungen für die Staatskasse nicht rückzuvereinnahmen sind.

Für Ausgaben, welche im Vollzuge der Reichsgesetze über die Unfall- und Krankenversicherung der in land- und forstwirtschaftlichen Betrieben beschäftigten Personen (MinE. vom 13. Juli 1895 FMBl. S. 146) zu leisten und als Zahlungen aus öffentlichen Kassen im Sinne des Art. 11 des AG. zum BGB. zu erachten sind, hat im Falle der Übermittlung durch die Post unter den in der FME. vom 15. Februar 1900 vorgeschriebenen Voraussetzungen der Empfänger die Portokosten zu tragen und sind daher letztere nach FME. vom 9. Mai 1910 Nr. 39 886 an der Zahlung zu kürzen.

Bei Stipendien aus der Wittelsbacher Landesstiftung kommen die Portokosten für die Geldpostsendung, welche als „frei durch Ablösung" zu bezeichnen bzw. jetzt mit Dienstwertzeichen zu versehen sind, zu Lasten der Stiftung für die Bayer. Staatskasse zur Vereinnahmung. Diese Portokosten werden daher dem Geldempfänger nicht angerechnet, vielmehr von der K. Zentralstaatskasse auf die Stiftungsfonds verausgabt (Verfügung des Landesstiftungsrats vom 15. März 1913).

Diese wie alle anderen für den Postanweisungsverkehr gegebenen Vorschriften bzw. Portobefreiungen finden eine gleichmäßige Anwendung, wenn die Zahlung im Postscheck- und Überweisungsverkehr (§§ 7 u. 9 PSchO.) geleistet wird. (Vgl. auch Blätter für das Bayer. Finanzwesen Band XIII [1905] S. 108 ff.) Für die Bareinzahlung eines Amtes oder einer Kasse vermittelst Zahlkarte auf das Konto eines Dritten erheben die Ämter und Kassen keine Gebühr.

4.

I Die an den Post-Überweisungs- und Scheckverkehr angeschlossenen Ämter und Kassen haben am Kopfe der von ihnen ausgehenden Schreiben, Zahlungsaufforderungen, Rechnungen, Steuerzettel, Quittungen rc. unter der Amtsbezeichnung den Anschluß an den Post-Überweisungs- und Scheckverkehr ersichtlich zu machen. Ämtern und Kassen, welchen auch ein Konto bei der K. Hauptbank bzw. einer ihrer Filialen oder bei der Reichsbank eröffnet ist, haben auch dies dort zu vermerken z. B.

K. Rentamt Altdorf.

Girokonto bei der K. Hauptbank Nürnberg.

Konto Nr. . . . beim Postscheckamte Nürnberg.

II Ferner haben die Rentämter, soweit nicht die Einhebung der Gefälle den Steuer-Einnehmereien obliegt, bei der Ausschreibung von Steuer- rc. Einzahlungsterminen in den bezüglichen Bekanntmachungen sowie bei Zahlungsaufforderungen auf die Möglichkeit der Einzahlung auf das Bankkonto (s. FinMinBl. 1909 S. 345)[1] und auf das Postscheckkonto — bei diesem unter Angabe des in diesem Falle einzuzahlenden bzw. zu übertragenden Mehrbetrags (Zuschlags s. Ziff. 3 Abs. II) — hinzuweisen[2].

1. Zu der hier angezogenen FMBek. vom 25. März 1909 Nr. 8798 sind ergänzende Bestimmungen durch FMBek. vom 20. Juli 1913 Nr. 22673 (FMBl. S. 377—381) Ziff. II u. III erlassen worden. (Vgl. FMBek. vom 10. Juli 1916 Nr. 17019 Anm. 2 zu Ziff. 1 S. 57.)

2. Der Hinweis hat lediglich die durch die Ämter und Kassen für die Einzahlungen auf ihr Postscheckkonto zu erhebenden Gutschrifts- und Übertragungszuschläge, nicht jedoch die durch die Post zum Ansatze gelangenden Gebühren zu enthalten.

5.

I Auf jedes Konto muß eine Stammeinlage[1] von 100 ℳ eingezahlt und in dieser Höhe stets unterhalten werden.

II Das Guthaben auf dem Postscheckkonto[2] bildet einen Teil des Kassenbestandes und ist bei der Aufnahme der Kassenbestände und in den Abschlüssen besonders ersichtlich zu machen[3].

III Über die Stammeinlage hinaus dürfen keine Beträge auf das eigene Konto eingezahlt werden[4]. Soweit das auf dem Postscheckkonto der Ämter und Kassen durch Einzahlungen und Übertragungen Dritter angewachsene Guthaben nicht in naher Zeit zur Begleichung von Zahlungen an Konteninhaber verwendet werden kann, ist der verfügbare Teil entweder, soweit er zu eigenen Zahlungen benötigt wird, mittels Scheck abzuheben[5] oder in auf 100 ℳ abgerundeten Beträgen an die einschlägige K. Bankanstalt mittels Scheck, der an diese zu übersenden ist[6], abzuführen und zwar, soweit den Ämtern und Kassen selbst ein Konto bei der K. Bank eröffnet ist, zur Gutschrift auf das eigene Konto[7], andernfalls zur Gutschrift auf das Konto der vorgesetzten Kasse[8]. Die K. Bankanstalt wird sodann bestimmen, ob der Scheckbetrag bar an sie ausbezahlt oder ihrem Postscheckkonto gutgeschrieben werden soll.

1. Die Stammeinlage beträgt nach § 2 PSchG. bzw. § 1 Abs. V PSchO. nur mehr 25 ℳ (s. Anm. 1 auf S. 2). Wegen der buchmäßigen Behandlung usw. wird auf Ziff. 5 u. 6 der Erläuterungen zum Gegenkonto (S. 103/104) verwiesen.

2. Das Guthaben auf dem Postscheckkonto ist jederzeit ohne weiteres aus den Ziffern der letzten Rubrik des Postscheck-Gegenkontos ersichtlich und bei der Kassesollabgleichung am Schlusse der monatlichen Kassebestandsanzeigen gleich dem Bank-Girokontoguthaben besonders auszuweisen. (Vgl. hiezu § 1 Abs. IV PSchO. S. 7 u. 9 sowie Anm. 5 zu Ziff. 7 Abs. IV der gegenw. Bek. S. 66/67.)

3. Die aus Anlaß der Münzreform seinerzeit eingeführten, jetzt aber bis auf weiteres erlassenen „Kassabestandsanzeigen" haben nur

die in den amtlichen Kassen befindlichen Geldvorräte, die Postkontoguthaben aber ebensowenig wie die Bankkontoguthaben zum Gegenstande.

4. Geändert durch Abs. 8 der FME. vom 14. Oktober 1916 (S. 77); vgl. hiezu Anm. 4 zu Ziff. 2 (Abs. IV) gegenw. Bek. S. 58. Dritte können unbeschränkt Einzahlungen auf die Postscheckkonti der Ämter und Kassen machen; die Beschränkung, daß über die „Stammeinlage“ hinaus keine Einlagen gemacht werden dürfen, wie auch die Bestimmung in Ziff. 2 Abs. IV der Bekanntmachung, wonach bei Unzulänglichkeit des Kontoguthabens zu Überweisungen auf die Postscheckkonten Dritter der Betrag mittels Zahlkarte zu begleichen war, ist weggefallen.

5. Nach Empfang des mit Scheck abgehobenen Betrages ist das Gegenkonto mit dem Konto des Scheckamtes gleichzustellen durch Abbuchung der Schecksummen und hat andererseits in der Kassastrazze die einnahmliche Buchung des empfangenen Geldbetrages zu erfolgen.

6. Das vorschriftsgemäß nach § 9 Abs. I, II u. V (Beil. 15) PSchO. ausgefüllte Postscheckformular ist also nicht etwa dem Postscheckamte, sondern jener Kgl. Bankanstalt zu übersenden, an welche der nicht benötigte Teil des Postkontoguthabens abgeführt werden soll (vgl. Ziff. II, 6 S. 80 der Blätter für das bayer. Finanzwesen 1911).

7. Diese Überweisung ist im Postscheckgegenkonto in der Rubrik 7 lastschriftlich und auf Grund der Gutschriftsanzeige der Bank im Bankkontogegenbuche einnahmlich durchzuführen. Ein Vortrag dieser Überweisung in der Kassastrazze hat zu unterbleiben, weil selbe ja den den Gegenstand der Strazzierung bildenden eigenen Kassabestand des Amtes nicht beeinflußt. § 73 AG. f. d. RA.

8. Aus dem Inhalte von Abs. X der FMBek. vom 10. Juli 1916 Nr. 17019, wonach alle nicht unmittelbar benötigten Guthaben auf den Girokonten bei der K. Bank und auf den Postscheckkonten so rasch als möglich an die Kassen, mit der sie abzurechnen haben, zu überweisen sind, ist nicht zu schließen, daß die Vorschrift: überschüssige Postscheckguthaben auf das eigene Bankgirokonto übertragen zu lassen, geändert bzw. aufgehoben werden wollte. Für alle Fälle wird von Übertragung auf das Postscheckkonto der vorgesetzten Kasse nur dann Gebrauch zu machen sein, wenn die Gewißheit besteht, daß letztere Verwendung für ein höheres Postscheckguthaben zu eigenen Zahlungen hat, denn außerdem würde die Gebühr für Abhebung (§ 6 Abs. VII a PSchO.) der zweitbeteiligten Kasse überbürdet, wogegen die Gebührenzuschläge für die Einzahlungen der erstbeteiligten Behörde zugute kämen. (Vgl. hiezu letzter Abs. der FME. v. 17. Januar 1917 Nachtrag S. 107/108.)

6.

I Wegen Lieferung der Formblätter zu Überweisungen und zu Schecks wird auf die §§ 7, 8 der Postscheckordnung[1] verwiesen. Die Überweisungs- und Scheck-Formblätter sind in den Kassenschränken zu verwahren. Sollten solche gleichwohl abhanden kommen, so ist das einschlägige Postscheckamt hievon ohne Verzug schriftlich zu benachrichtigen.

II Die Schecks und Überweisungen sind unter Beidrückung des Dienstsiegels auszufertigen.

III Den Postscheckämtern werden[2]

a) für die Zentralstaatskasse, das Katasterbureau nnd das Hauptmünzamt von dem K. Staatsministerium der Finanzen,

b) für die Kreiskassen, die Rentämter und das Hofbräuamt von der vorgesetzten K. Regierung, Kammer der Finanzen,

c) für die Bergwerks-Hauptkasse und die Berg-, Hütten- und Salinenämter von der Generaldirektion der Berg-, Hütten- und Salzwerke

die Namen der jeweils zur Ausstellung der Überweisungen und Schecks berechtigten Beamten und ihrer Stellvertreter bekannt gegeben. Bei den Rentämtern sind die Schecks und Übertragungen von den Amtsvorständen, bei den Rentämtern mit Kasseabteilungen von den Kasseabteilungsvorständen bzw. von deren Stellvertretern zu unterzeichnen. Die Unterschriften dieser Beamten sind beim Postscheckamte zu hinterlegen[3].

IV Bei der Ausstellung von Überweisungen und Schecks haben die Beamten auch den zurückbleibenden Abschnitt auszufüllen und mit ihrem Namenszug zu versehen.

1. Die Überweisungsvordrucke (§ 7 PSchO.) werden nur mehr in Blattform ausgegeben; diese und die Vordrucke für Postschecks (jetzt § 9 PSchO.) können nur vom Postscheckamte bezogen werden. Die Zahlkarten (§ 2 PSchO.), Lastschriftzettel (§ 6 Abs. VI), Anlage zur Sammelüberweisung und zum Sammelscheck (§ 7 Abs. 4 und § 9 Abs. 4 PSchO.) und andere Vordrucke (vgl. Beilage 2) dürfen auch durch die Privatindustrie hergestellt werden. Die bisherigen Vordrucke für Giropostkarten (§ 7) konnten bei Beträgen bis zu 1000 ℳ aufgebraucht werden. Schecks der bisherigen Art waren nur für Beträge bis zu 10000 ℳ verwendbar.

Bezüglich der Kosten für Vordrucke und deren Verrechnung siehe Ziff. 7 Abs. III und Anm. 4 hiezu (S. 65 u. 66).

2. Die zu den Anträgen auf Kontoeröffnung zu verwendenden Vordrucke (§ 1 Abs. I PSchO. S. 7) sind von den Postanstalten erhältlich; dagegen wird das Unterschriftsblatt (vgl. § 6 Abs. III PSchO. S. 15—17) an die antragstellende Kasse oder Behörde bzw. deren Vorstand in zwei Vordrucken unter „Einschreiben", „Eigenhändig", „Gegen Rückschein" unmittelbar vom Postscheckamte gesendet, an welches das zweifach ausgefertigte Unterschriftsblatt durch die vorgesetzte Stelle wieder zurückzuleiten ist.

3. Nicht nur die Unterschriften dieser — hier der bei den Rentämtern zur Unterzeichnung von Postschecks ermächtigten — Beamten, sondern selbstverständlich auch jene aller anderen dem Postscheckverkehr angeschlossenen Kassen und Ämter sind, wie unter Anm. 2 bemerkt, zu hinterlegen. Bei den mit zwei gemeinschaftlich haftenden Beamten besetzten Kassen (AllerhVO. vom 29. April 1821, Geret B XI S. 1142 ff., und FME. vom 30. April 1823, Geret B XIII S. 1516) bezieht sich diese Vorschrift auf beide Kassebeamte und deren bestellte Vertreter.

7.

I Die an den Post-Überweisungs- und Scheckverkehr angeschlossenen Ämter und Kassen haben ein Gegenkonto [1] nach dem anliegenden Muster zu führen. Die in Ziff. 6 Abs. III Buchst. b und c aufgeführten Stellen, welche den Postscheckämtern die Namen der zur Ausstellung von Schecks und Überweisungen berechtigten Beamten bekanntzugeben haben, bestimmen, welchen Beamten die Führung dieses Gegenkontos übertragen wird. Bei den in Ziff. 6 Abs. III Buchst. a bezeichneten Stellen treffen diese Bestimmung die Vorstände dieser Ämter.

II Die fortlaufenden Konto-Auszüge, die Lastschrift-, Gebühren- und Berichtigungszettel bilden Belege zum Gegenkonto.[2] Die von den Postscheckämtern übersandten Abschnitte von Zahlkarten und Überweisungen und die Gutschriftszettel sind mit der Seite des Kassebuchs, in welchem der bezügliche Betrag vereinnahmt wurde, zu versehen, fortlaufend zu sammeln und nach Jahrgängen geordnet aufzubewahren.

III In der dafür unter den Gutschriften vorgesehenen Spalte des Gegenkontos sind die Beträge zu vereinnahmen,[3] welche von den Einzahlenden über ihre Schuldigkeit hinaus zur Deckung der entstehenden Gebühren und Auslagen zu leisten sind oder den Zahlungsempfängern bei Übertragungen auf ihr Postscheckkonto an ihrer Forderung in Abzug gebracht werden (s. Ziff. 3 Abs. II und V). Die vom Postscheckamte für Formulare, Gebühren rc. in Aufrechnung gebrachten Beträge sind in der entsprechenden Rubrik des Gegenkontos unter den Lastschriften zu verausgaben.[4]

IV Sobald der Abschluß des Postscheckkontos für den 31. Dezember jeden Jahres nebst der Gebührenberechnung bis zu diesem Zeitpunkte vom Postscheckamt übersandt ist, ist auch das Gegenkonto abzuschließen.[5] Die Regierungen, Kammern der Finanzen, und die Generaldirektion der Berg-, Hütten- und Salzwerke haben alljährlich eine Zusammenstellung der Abschlüsse der Gegenkonten für die ihnen unterstellten Ämter und Kassen dem K. Staatsministerium der Finanzen vorzulegen. Die Zentralstaatskasse, das Katasterbureau und das Hauptmünzamt legen den Abschluß ihres Gegenkontos dem K. Staatsministerium der Finanzen unmittelbar vor. Der durch die Zuschläge der Einzahlenden nicht gedeckte Betrag an Gebühren rc. des Postscheckamts ist in der gleichen Weise wie die übrigen Post-, Telegraphen- und Telephongebühren des angeschlossenen Amts zu verrechnen. Ein etwaiger Überschuß der Zuschläge über die Gebühren rc. des Postscheckamts ist an diesen Ausgaben zu kürzen.[6]

V Bei Kassenvisitationen hat der Visitationskommissär das Gegenkonto sowie die Scheck- und Überweisungshefte zu prüfen und vom Postscheckamt ein Anerkenntnis über den Stand des Scheckkontos zu erholen.

München, den 17. August 1909.

von Pfaff.

1. Über die Führung des Gegenkontos und die buchmäßige Behandlung der Postscheck-Einzahlungen und Überweisungen sind unter F nähere Ausführungen mit Mustereinträgen gegeben.

2. Insoweit die Lastschriftzettel nach Beilage 10 ausgefertigt und im Sinne des § 6 Abs. VI PSchO. als Zahlungsnachweise zu betrachten sind, werden sie — als gleich den Einlieferungsscheinen für Beträge bis zu 800 ℳ zur Rechnungsbedeckung dienend — von den Gegenkonto-Belegen auszuheben sein. (Vgl. Anmerkung 3 zu Ziff. 2 Abs. IV der gegenw. Bek. S. 57 und zu Nr. 5 der FMBek. S. 95/96 sowie FME. vom 5. Februar 1912 [abgedruckt S. 73/74] und Anmerkung hiezu.)

3. Die in der Rubrik 5 des Gegenkontos zu Soll gebrachten Gebührnisse für die Einzahlungen und Überweisungen bilden Einnahmen der Kassen und Ämter und sind daher nicht zu verwechseln mit den in Rubrik 6 erscheinenden Postgebühren, womit das Scheckamt jene belastet. Weitere Ausführungen sind in den Erläuterungen F Ziff. 2, 3 und 7 zum Gegenkonto (S. 102/103 u. 104/105) enthalten.

4. Hier handelt es sich zwar auch um Kosten für vom Postscheckamte gelieferte Vordrucke, deren Verausgabung unter den Postgebühren erfolgt, obwohl sie eigentlich den „Geschäftsbedürfnissen" zur Last zu rechnen wären. Diese in der Sachbehandlung (vgl. vorletzter und letzter Satz von Ziff. 7 Abs. IV, S. 65) begründete Verrechnungsweise wird jedoch, falls es sich um Kosten für durch die Privatindustrie hergestellte Zahlkarten und sonstige Vordrucke handelt, nicht beibehalten werden können; es wird vielmehr dann die Verausgabung auf „Geschäftsbedürfnisse" stattzufinden haben.

5. Wie bereits zu Ziff. 5 Abs. II gegenw. Bek. (S. 62) bemerkt, ist das jeweilige Postscheckkontoguthaben aus Rubrik 9 zu entnehmen, deshalb braucht während des Jahres für die Feststellung des Gesamtkassabestandes das „Gegenkonto" nicht erst abgeschlossen zu werden; dagegen müssen für die Zwecke der Sollaufstellung bei jedem Hauptkassasturz die Rubriken 5 und 6 des Gegenkontos miteinander abgeglichen und die bezüglichen Fehlbeträge bzw. Überschüsse der amtlichen Zuschläge und Abzüge gegenüber den postalischen Gebühren bei der Sollaufstellung eingerechnet werden. Da die im amtlichen Buchsoll erscheinenden Ziffern der „in den Kassabüchern vereinnahmten und verausgabten Beträge" — Rubrik 4 und 8 — mit den Postgebühren belastet sind und überdies um die beregten Zuschläge und Abzüge von den beim Postscheckamte gut und zur Last geschriebenen Summen abweichen, aus letzteren aber sich das einen Bestandteil des amtlichen Gesamt-

kassabestandes bildende Postscheck-Kontoguthaben zusammensetzt, so deckt sich dieses Guthaben nicht mit dem für den Tage- und Hauptbuchabschluß maßgebenden Soll der Rubriken 4 und 8 des Gegenkontos einschließlich der Bareinlagen; es würden demnach bei Nichteinbezug der Differenz zwischen den Rubriken 5 und 6 in die Sollaufstellung für den Kassensturz beispielsweise die den Kontobestand und darum den Gesamtkassenbestand mindernden Ausgaben der Rubrik 6 für Formblätter als ausgablicher Buchvortrag unberücksichtigt bleiben, sohin zu einem Kassenminus sich gestalten.

6. Der für den Übertrag des Kontobestandes auf das nächste Jahr notwendige Abschluß des Gegenkontos kann erst nach Erhalt des Gebührenzettels über die bis Ende Dezember aufgerechneten Beträge (Rubrik 6) vorgenommen werden. Sodann ist der Mehrbetrag des Abschlusses der Rubrik 6 über den Abschlußziffern der Rubrik 5 des Gegenkontos als Postgebührenausgabe und der etwaige Mehrbetrag des Abschlusses der Rubrik 5 über jenen der Rubrik 6 als Postgebühreneinnahme in das nach Ziff. 3 der Bekanntmachung vom 14. Mai 1909 zu führende Postgebührenverzeichnis, FMBl. S. 423, und von da unter den übrigen Ausgaben und Rückersätzen an Postgebühren in das Tage- und Hauptbuch überzutragen. Das hiernach verbleibende Guthaben ist in die Rubrik 9 des nächstjährigen Gegenkontos überzutragen, derart, daß gegenüber der den gleichen Betrag ausweisenden Rubrik 3 in Rubrik 4 der um die Stammeinlage abgeminderte Betrag zur Einstellung gelangt.

Formblatt.

Postscheck-Gegenkonto.

Tag	Konto-Auszug-Nr.	Gutschriften						Lastschriften						Stand des Guthabens	
		Vom Postscheckamte gutgeschriebener Betrag		In den Kassebüchern vereinnahmter Betrag		Von den Zahlungspflichtigen einbezahlte bzw. den Zahlungsempfängern abgezogene Beträge für Postgebühren		Vom Postscheckamte aufgerechnete Beträge an Gebühren		Vom Postscheckamte zur Last geschriebener Betrag		In den Kassebüchern verausgabter Betrag			
1	2	3		4		5		6		7		8		9	
1909		ℳ	₰	ℳ	₰	ℳ	₰	ℳ	₰	ℳ	₰	ℳ	₰	ℳ	₰
1. Sept.	1	100	75	—	—	—	—	—	75	—	75	—	—	100	—
5. "	3	13	35	13	20	—	15	—	—	—	—	—	—	365	35
3. Dez.	35	107	25	107	10	—	15	2	40	2	40	—	—	327	95
4. "	36	—	—	—	—	—	5	—	—	208	20	208	25	119	75
31. "	50	rc.	rc.	rc.	rc.	rc.	rc.	rc.	rc.	rc.	rc.	rc.	rc.	rc.	rc.
	Summa	94 767	45	rc.	rc.	25	90	27	15	rc.	rc.	rc.	rc.	rc.	rc.
								25	90						
								1	25						

Die der Spalte 2 entsprechende Numerierung der Kontoauszuge durch das Postscheckkonto ist seit 1. Juli 1911 in Wegfall gekommen; jedoch steht dem nichts im Wege, wenn die Kontoauszüge der besseren Ordnung halber von dem Kassebeamten, der das Gegenkonto führt, mit fortlaufenden Ziffern versehen und diese in Spalte 2 eingetragen werden.

Bei der vom Kontoinhaber übernommenen Selbstausfertigung der Zahlungsanweisungen (FMBek. vom 29. März 1910 und 14. Oktober 1916) empfiehlt es sich, über die Zahl der jeweils verwendeten Vordrucke Verbrauchsausweis zu führen, der am einfachsten durch Einfügung einer Linie beim Datum betätigt werden kann.

K. Staatsministerium der Finanzen.

Zahlungen aus den Staatskassen an auswärtige Empfangsberechtigte im Postanweisungsverkehr betr.

FinMinBl. 1900 Nr. 6 S. 178—181.

Im Einvernehmen mit den übrigen Zivilstaatsministerien wird Nachstehendes angeordnet:

Zahlungen aus den dem unterfertigten K. Staatsministerium unterstellten Kassen an auswärtige Empfangsberechtigte bis zum Betrage von 800 ℳ sind innerhalb des deutschen Reichsgebiets dann mittelst Postanweisung nach Maßgabe der Vorschriften sub Ziff. 1 mit 6 zu bewerkstelligen, wenn die Empfangsberechtigten die Vermittlung der Zahlung auf diesem Wege und unter den vorgesehenen Bedingungen verlangen.

Als auswärtige Empfangsberechtigte haben diejenigen Empfangsberechtigten zu gelten, welche weder am Sitze der auszahlenden Kasse noch einer mit dieser im Abrechnungsverkehre stehenden Kasse, welche zur Leistung der betreffenden Zahlung aus ihren eigenen Beständen requiriert werden kann, ihren Wohnsitz haben.

1. Die Zusendung des Betrages erfolgt auf Wag und Gefahr der Empfangsberechtigten.

2. Zur Vermittlung der Zahlung ist regelmäßig die seit 1. Oktober 1899 bei den deutschen Postverwaltungen eingeführte Postanweisung mit angebogener Postkarte (Empfangsbestätigung über eine Postanweisung) zu verwenden; die Bestätigungskarte, welche der Empfänger alsbald nach Empfang der Postanweisung an dasjenige Amt, von welchem die Postanweisung ausgestellt worden ist, zurückzusenden hat, ist als Rechnungsbeleg zu behandeln. Zur Zahlung von Beträgen bis höchstens 50 ℳ (jetzt 800 ℳ, vgl. Abs. 3 der FMEntschl. vom 5. Februar 1912, FMBl. S. 12) einschließlich ist das einfache Postanweisungsformular zu gebrauchen; in solchen Fällen hat der Postaufgabeschein als Rechnungsbeleg zu dienen. Das einfache Postanweisungsformular ist auch bei einer Zahlung, welche den Betrag von 50 ℳ überschreitet, dann zu benützen, wenn der auszahlenden Kasse bereits eine den rechnerischen Vorschriften entsprechende Quittung der Empfangsberechtigten vorliegt.

3. Die der Post zur Beförderung zu übergebenden Postanweisungen sind von den absendenden Kassen in einem Postaufgabebuche nach Formular (Anlage I) deutlich einzutragen, wobei Stamm und Postaufgabeschein gehörig auszufüllen sind, so daß von den Postdienststellen lediglich die Fertigung anzufügen ist.

Die Postaufgabebücher sind von den Kassebeamten nach jeder Bestellung durch die Kassediener (Botenpersonal) hinsichtlich der erfolgten Bescheinigung zu kontrollieren.

Für die Verbringung des Geldes zur Post dürfen seitens der Kassediener (Botenpersonal) Zustellgebühren nicht beansprucht werden.

4. **Die Postanweisungen** und in denjenigen Fällen, in denen Postanweisungen mit Bestätigungskarten zu verwenden sind, auch diese letzteren **sind von der absendenden Kasse zu frankieren. Die Kosten der Frankierung hat regelmäßig der Empfangsberechtigte der absendenden Kasse zu ersetzen.**

Ausnahmsweise wird bis auf weiteres genehmigt, daß bei der Zusendung

a) von Gehaltsbezügen, Pensionen und Unterhaltsbeiträgen an pragmatische und nichtpragmatische Staatsbeamte und Staatsbedienstete und deren Relikten,

b) der Einkommensaufbesserungen und sonstigen staatlichen Bezüge der Geistlichen, ferner der staatlichen Bezüge von Meßnern und Kirchendienern,

c) der aus Staats- und Kreisfonds fließenden Bezüge des aktiven sowie des nicht mehr im Dienst befindlichen Volksschulpersonals, dann der Schullehrerrelikten

nach dem dienstlichen, bzw. ständigen Wohnsitze der genannten Empfangsberechtigten, sofern derselbe innerhalb des Königreichs Bayern gelegen ist, die Porti für die Postanweisungen und in denjenigen Fällen, in welchen Postanweisungen mit Bestätigungskarten zu verwenden sind, auch die Porti für die letzteren von der Staatskasse getragen werden. Soweit letzteres der Fall ist, sind die erwachsenen Portoauslagen unter den Regieausgaben der auszahlenden Kasse auf die besondere Position, Postporti zu verrechnen. Auch die Auslagen für die Postaufgabebücher sind unter den Regieausgaben zu verrechnen.

5. In den Fällen, in welchen die Kosten der Frankierung von Postanweisungen und Bestätigungskarten der absendenden Kasse zu ersetzen sind, werden dieselben sofort an dem zu übersendenden Betrag gekürzt und es wird dies auf der Postanweisung ersichtlich gemacht.

Auch sonstige Abzüge an den im Wege der Postanweisung auszuzahlenden Beträgen sind von der absendenden Kasse in der Postanweisung unter den Mitteilungen, ferner in den Bestätigungskarten in derselben Weise, wie an eigentlichen Quittungen ersichtlich zu machen, so daß der Empfänger im allgemeinen lediglich Datum und Unterschrift vor der Rücksendung der Bestätigungskarte beizufügen hat. Abzüge solcher Art sind z. B. bei der Versendung von Gehaltsbezügen die an der betreffenden Monatsrate abzuziehenden Beiträge zum allgemeinen Unterstützungsverein für die Hinterlassenen der K. B. Staatsdiener und zu der hiemit verbundenen Töchterkasse.

6. Wenn der Postanweisungsempfänger in den Fällen, in welchen eine Postanweisung mit Bestätigungskarte an ihn abgesendet wird, die Unterzeichnung und Rücksendung der entsprechend ausgefüllten Bestätigungskarte unterläßt oder ungebührlich verzögert, so hat die absendende Kasse auf die Ausstellung und Übermittlung einer ordnungsmäßigen Quittung zu dringen. Handelt es sich um einen Empfänger von wiederkehrenden Leistungen, so kann die absendende Kasse für die in der Folge fällig werdenden Zahlungen von der Auszahlung im Postanweisungsverkehr Umgang nehmen; beabsichtigt sie dies, so hat sie hierüber dem Zahlungsempfänger durch portofreie Zuschrift entsprechende Eröffnung zu machen.

7. Die vorstehenden Vorschriften finden auf die von den Kassen der K. Bank zu betätigenden auswärtigen Zahlungen nur insoweit Anwendung, als diese Zahlungen nicht im eigentlichen Bankverkehr in den hiebei üblichen Formen erfolgen oder für Rechnung der K. Versicherungskammer zu leisten sind.

München, den 15. Februar 1900.

Dr. Frhr. von Riedel.

Wegen Beschaffung der Postaufgabebücher und Verrechnung der Kosten (vgl. FME. vom 13. Juni und 30. Dezember 1900 FMBl. S. 308—310 u. 489), dann Verwendung von Verzeichnissen für eingelieferte Postanweisungen (vgl. FME. vom 24. August 1911 FMBl. S. 521/522), ferner Zahlungen aus Reichsfonds bzw. Bezüge aus der Reichskasse und aus der bayer. Staatskasse (FME. vom 3. Juni u. 26. August 1904 [FMBl. S. 78/79 u. 168]).

Ziff. 4 Abs. 1 hat durch die K. Verordnung vom 22. Dezember 1907 und MBek. vom 25. Dezember 1907 (GVBl. S. 1081—1140), da an Stelle der „Frankierung" bzw. des Vermerks „Frei durch Ablösung" seit 1. August 1916 die Verwendung von Dienstwertzeichen tritt (MBek. vom 15. Juli 1916 GVBl. 108 ff.), eine Änderung in der Weise erfahren, daß das sich berechnende Porto für die Staatskasse vereinnahmt wird. Vgl. hiezu die MBek. vom 14. Mai 1909 Ziff. 12 ff. (FMBl. S. 422/431).

Die Porto- und Telegramm- usw. Gebühren werden nicht mehr als eigentliche Regiekosten, sondern als gemeinsame Ausgaben unter besonderem Titel verrechnet.

K. Staatsministerium der Finanzen.

Bekanntmachung.

Postscheckverkehr, hier Behandlung der Zahlungsanweisungen betr.

(FinMinBl. 1910 S. 106—107).

Nach der Vorschrift in § 23 VI der Bayr. Post- und Telegraphendienstanweisung Abschn. IX Abt. 6 obliegt die Ausfertigung der Zahlungsanweisungen den Postscheckämtern. Das K. Staatsministerium für Verkehrsangelegenheiten hat nunmehr mit Entschließung vom 10. Dezember 1909 Nr. 22/7521 zugelassen, daß Formulare zu Zahlungsanweisungen an Behörden, bei denen ein Bedürfnis hiezu vorhanden ist, auf Wunsch zur Selbstausfertigung ausgehändigt werden. In Betracht kommen nur solche Behörden, die aus ihren Postscheckkonten in großer Zahl Barauszahlungen durch Inanspruchnahme von Postanstalten, z. B. für Gehalte, zu machen haben (vgl. PSchO. § 8 VI, jetzt § 9 IV). Die Übergabe von Zahlungsanweisungsformularen zur Selbstausfertigung bietet dem Kontoinhaber den Vorteil, daß er nur einen Scheck (Sammelscheck) über den Gesamtbetrag mehrerer Einzelzahlungen auszustellen hat und die Abschnitte der von ihm für die einzelnen Zahlungsempfänger auszustellenden Zahlungsanweisungen zu schriftlichen Mitteilungen benützen kann.

Für jeden Kontoinhaber, der von dem Verfahren Gebrauch macht, wird eine besondere Kennziffer festgesetzt, die auf die Zahlungsanweisungen im Postvermerk unterhalb des Vordruckes „Für das Postscheckamt" perforiert wird. Die Kontoinhaber müssen die Verpflichtung übernehmen, für jeden Schaden zu haften, der durch mißbräuchliche Benützung dieser Formulare entsteht.

Hiezu wird noch bemerkt, daß die Postanstalten angewiesen worden sind, Zahlungsanweisungen, die den Vermerk „Bezüge aus der Bayr. Staatskasse", „Bezüge aus der Reichskasse" oder „Bezüge aus einer öffentlichen Kasse" tragen, gleichwie Postanweisungen mit einem solchen Vermerke nicht auszuhändigen, wenn der Adressat gestorben ist (vgl. FinMinBl. 1904 S. 108).

München, den 29. März 1910.

J. V.: Staatsrat von Pausch.

Gleichlautende Bekanntmachung vom 15. März 1910 wurde vom K. Staatsministerium des K. Hauses und des Äußern sowie des Innern (MBl. 1910 S. 220) erlassen.

K. Staatsministerium der Finanzen.

Die Vereinfachung des Kassen- und Rechnungswesens betr.

(FinMinBl. 1912 Nr. 2 S. 11 und 12).

Auf Grund Allerhöchster Ermächtigung wird unter teilweiser Änderung der K. Verordnung vom 11. Januar 1826, das Finanzrechnungswesen betr. (RegBl. S. 169 ff.) zur Vereinfachung des Kassen- und Rechnungswesens nach Einvernahme des K. Obersten Rechnungshofes verfügt, was folgt:

1.

1. Zahlungen an Empfänger, die nicht am Sitze der zahlenden Kasse wohnen, sind regelmäßig unmittelbar an den Empfangsberechtigten, sohin ohne Inanspruchnahme der Vermittlung anderer staatlicher oder sonstiger Behörden (insbesondere der Gemeindebehörden) zu leisten. Die Zahlung hat tunlichst im Postanweisungsverkehr (FinMinEntschl. vom 15. Februar 1900, FinMinBl. S. 178 ff. und Ziff. I Abs. 3 der FinMinEntschl. vom 5. Januar 1901, FinMinBl. S. 2) oder im Giroverkehr oder im Postscheckverkehr zu erfolgen.

2. Bei gleichzeitiger Aufgabe von zwei oder mehreren Postanweisungen, durch welche Zahlungen bewirkt werden sollen, die in der gleichen Rechnung oder Nebenrechnung nachzuweisen sind, ist für die Aufgabe von Postanweisungen das mit FinMinEntschl. vom 24. August 1911 (FinMinBl. S. 521/522) angeordnete Verzeichnis zu benützen.

3. Die Postaufgabescheine und Postaufgabeverzeichnisse (Abs. 2) gelten als vollgültiger Zahlungsnachweis. Die in der FinMin.-Entschl. vom 15. Februar 1900 vorgeschriebene Erholung von Bestätigungskarten wird hiemit erlassen. Dadurch tritt zugleich die Anordnung in Ziff. I Abs. 2 der FinMinEntschl. vom 5. Januar 1901 außer Kraft.

4. Für die Besoldungen, Ruhegehalte, Witwen- und Waisengelder, die Bezüge der Geistlichen und Lehrer und alle ähnlichen fortlaufenden Bezüge, die im Postanweisungsverkehr ausbezahlt werden, ist am Jahresschlusse eine Hauptquittung auszustellen. Die letzte Monatsrate ist erst auszuzahlen, wenn die Kasse im Besitze dieser Quittung sich befindet. Die Hauptquittung ist zu den Rechnungsbelegen zu nehmen, während die Postaufgabescheine und -verzeichnisse für die in den früheren Monaten bezahlten Beträge als Kassabelege bei der zahlenden Kasse verbleiben. Kann — wie z. B.

im Falle des Ablebens des Empfängers — eine Hauptquittung nicht erholt werden, so sind die Postaufgabescheine oder -verzeichnisse zu den Rechnungsbelegen zu nehmen.

2.

Vorübergehende Unterstützungen und ähnliche Zahlungen, die gleichzeitig für mehrere Personen angewiesen werden, sind in der Regel ohne Rücksicht auf den Wohnort der einzelnen Empfänger gemeinsam bei einer Kasse (der Kreiskasse ꝛc.) und nicht bei den verschiedenen Kassen (Rentämtern ꝛc.), in deren Bezirken die Empfänger wohnen, zur Zahlung und Verrechnung anzuweisen. Die Auszahlung bemißt sich nach den Anordnungen in Ziff. 1 Abs. 1—3 dieser Entschließung.

— — — — — — — — — — — — — — — — — —

München, den 5. Februar 1912.

Dr. von Pfaff.

Wegen Auflieferung von Postanweisungsbeträgen im Postgiroverkehr sind durch FME. vom 25. September 1914 Nr. 30192 (FMBl. S. 275—277) Bestimmungen gegeben worden, wonach Postanweisungen, soferne deren Gesamtbetrag 400 ℳ übersteigt, mittels roten Schecks, auf die Ortspostanstalt oder eine von der Oberpostdirektion bezeichnete Postanstalt (Giropostkasse) lautend, zu begleichen sind. Das gleiche gilt für Verstärkung des Postscheckguthaben mittels Zahlkarte nach Abs. 7 der FME. vom 14. Oktober 1916 Nr. 24786.

Die in Ziff. 1 obiger Entschl. enthaltene Vorschrift hat durch FME. vom 14. Oktober 1916 (S. 75—78) insoferne weitere bestimmtere Formen angenommen, als es nicht mehr von dem Antrage des Empfangsberechtigten abhängig gemacht oder in das Belieben der zahlenden Kassen gestellt ist, die Auszahlungsweise zu wählen, sondern für die allgemeine Zahlungsregel der Weg des Postscheckverkehrs bestimmt wurde.

Da die im Postscheckverkehr auszustellenden Einlieferungsscheine (§ 2 Abs. VII PSchO.), ebenso aber auch die Lastschriftzettel (Beilage 10) sowie die Zweitschriften von Beilage 12 u. 16, soweit die Voraussetzungen von § 126 bzw. § 368 BGB. erfüllt wurden, im Hinblick auf § 9 PSchG. in ihrer rechtlichen Wirkung den Postanweisungs-Aufgabescheinen gleichzustellen sind, ließ sich aus den durch FMBek. vom 29. März 1910 (S. 72) und Ziff. I B der FMBek. vom 20. Juli 1913 (nachstehend abgedruckt) folgern, daß sie als vollgültige Zahlungsnachweise gelten können, wie solches nun in Abs. 2 der FME. vom 14. Oktober 1916 Nr. 24786 (S. 75/76) zum Ausdruck gebracht ist.

Ziff. I B: Eine Überweisung oder Einzahlung auf das Postscheckkonto eines Berechtigten ist nach Ziff. 2 Abs. 4 der Bekanntmachung vom 17. August 1909 (FinMinBl. S. 561 ff.) bereits zu-

gelassen, sofern vorher eine vorschriftsmäßige Quittung eingesandt wird. Unter dieser Voraussetzung ist daher auch die Auszahlung der unter Buchstabe a bis f aufgeführten Bezüge im Wege der Überweisung auf das Postscheckkonto des Bezugsberechtigten auf dessen Antrag gestattet. Bei Überweisung von Bezügen auf Postscheckkonto hat die auszahlende Kasse vom Postscheckamte Einlieferungsbescheinigungen zu verlangen. Formblätter für die Einlieferungsbescheinigungen, deren Abgabe seitens der Postscheckämter zum Preise von 5 Pf. für je 10 Stück erfolgt, sind ordnungsgemäß ausgefüllt mit den Überweisungsanträgen an das Postscheckamt einzusenden. Bei einer Sammelüberweisung ist das vorschriftsgemäß beizulegende Verzeichnis der einzelnen Beträge in doppelter Ausfertigung einzureichen, worauf die eine Ausfertigung vom Postscheckamt als Lastschriftzettel zurückgeleitet wird. (FMBl. 1913 Nr. 17 S. 376/377).

Nr. 24786.

K. Staatsministerium der Finanzen.

(FinMinBl. 1916 Nr. 16 Seite 164—167).

1. Nach Ziff. I 6 Abs. II Buchst. e der Bekanntmachung vom 25. Juli 1916, die Einführung von Dienstwertzeichen für den amtlichen Verkehr betr. (GVBl. S. 179) haben Ämter und Kassen, die an den Postscheckverkehr angeschlossen sind, künftig alle Zahlungen innerhalb des Deutschen Reiches, die bisher durch Postanweisung erledigt wurden, im Wege des Postscheckverkehrs zu leisten.

2. Hat der Zahlungsempfänger ein Postscheckkonto, so hat die Zahlung durch Überweisung auf dessen Postscheckkonto zu erfolgen. Hat der Zahlungsempfänger dagegen kein Postscheckkonto, so geschieht die Zahlung durch Postscheck. Die Überweisungen und Schecks sind unmittelbar beim Postscheckamt einzureichen. Gleichzeitige Zahlungen an mehrere Zahlungsempfänger sind in eine Überweisung (Sammelüberweisung) oder einen Scheck (Sammelscheck) zusammenzufassen (§ 7 Abs. IV und § 9 Abs. IV PSchO. für das Königreich Bayern [GVBl. 1914 S. 160]). Hiebei ist der Sammelüberweisung und dem Sammelscheck je ein von dem Amt oder der Kasse zu unterschreibendes Verzeichnis der Einzelbeträge in doppelter Ausfertigung — die Zweitschrift kann mittels Durchschreibens oder mittels Durchschlag auf der Schreibmaschine hergestellt werden — beizufügen, worauf die eine Ausfertigung vom Postscheckamt als Lastschriftzettel zurückgeleitet wird. Bei Einzelüberweisungen oder

Zahlungen mittels einzelner Postschecks werden von den Postscheckämtern Einlieferungsbescheinigungen erteilt; die Vordrucke zu diesen Bescheinigungen sind von der Kasse ordnungsmäßig auszufüllen und mit den Überweisungsanträgen und Postschecks an die Postscheckämter einzusenden (vgl. hierwegen die Entschl. vom 7. Juli 1910 FinMinBl. S. 170). Die Lastschriftzettel und Einlieferungsbescheinigungen treten an Stelle der Postaufgabescheine (vgl. die Entschl. vom 15. Februar 1900 FMBl. S. 178 und vom 5. Februar 1912 Ziff. 1, FMBl. S. 11). Von der Einforderung von Ratenquittungen ist sonach abzusehen. Die Vordrucke für die den Sammelüberweisungen und den Sammelschecks anzulegenden Verzeichnisse und für die Einlieferungsbescheinigungen können von den Postscheckämtern bezogen werden.

3. Die Kassen und Ämter haben mit den Sammelschecks gleichzeitig auch die Zahlungsanweisungen in der in der Anlage beispielsweise angedeuteten Weise auszufüllen und mit dem Sammelscheck und dem Verzeichnisse dem Postscheckamte einzusenden. Die Formblätter hierzu werden von den Postscheckämtern unentgeltlich geliefert; sie sind sorgfältig aufzubewahren. Die Abschnitte der Zahlungsanweisungen können zu schriftlichen Mitteilungen an den Empfänger z. B. über den Grund der Zahlung usw. benützt werden (vgl. die Bekanntmachung vom 29. März 1910 FinMinBl. S. 106). Bei Sammelüberweisungen können für jeden Gutschriftsempfänger die nötigen Mitteilungen auf einem besonderen Zettel gemacht werden, der den Überweisungsbetrag und die Bezeichnung des Kontos des überweisenden Amtes, sowie des Gutschriftempfängers enthalten und in der Größe dem Abschnitte des Überweisungsformulars entsprechen muß. Die Vordrucke hiezu können von den Postscheckämtern bezogen werden.

4. Bei der Auszahlung von Bezügen aus der Reichs- und Staatskasse mittels Postschecks sind die Zahlungsanweisungen von den Ämtern und Kassen mit dem Vermerk „Bezüge aus der Reichskasse", „Bezüge aus der bayer. Staatskasse" oder „Bezüge aus einer öffentlichen Kasse" zu versehen, um zu verhüten, daß die Postanstalten solche Zahlungsanweisungen aushändigen, wenn der in der Zahlungsanweisung genannte Zahlungsempfänger gestorben ist. (Abs. 3 der Bekanntmachung vom 29. März 1910 FMBl. S. 106).

5. Sollen Zahlungen an Empfänger außerhalb des Deutschen Reiches aus den Postscheckkonten erfolgen, so sind solche Aufträge an das Postscheckamt mit Einzelüberweisung oder Einzelscheck zu geben.

6. Soweit die Übersendung mittels Postanweisung auf Grund besonderer Bestimmungen (vgl. z. B. Ziff. 4 Abs. 2 der Bekanntmachung vom 15. Februar 1900, FMBl. S. 178) bisher ohne Abzug von Porto erfolgte, sind auch künftig den Empfängern Postgebühren nicht in Anrechnung zu bringen. In allen anderen Fällen ist bei Überweisungen nur ein fester Betrag von 5 Pf., bei Zahlungen mittels Postschecks (Zahlungsanweisung) dagegen ein fester Betrag von 5 Pf. und weitere 5 Pf. für je 500 ℳ oder einen Teil dieser Summe vorweg in Abzug zu bringen.

7. Kleinere Beträge, die die Kassen und Ämter unter sich auszugleichen haben, sind zur Entlastung des Giroverkehrs mit der K. Bank im Wege der Überweisung auf das Postscheckkonto des empfangenden Amts zu bewirken.

8. Wird eine Verstärkung des Guthabens beim Postscheckamte nötig, um die Überweisungen und Zahlungsanweisungen daraus bestreiten zu können, so haben die Kassen den erforderlichen Betrag mittels Zahlkarte auf ihr eigenes Konto einzuzahlen. Hierbei ist, soferne nicht der erforderliche Geldbetrag in der Kasse des Amtes ganz oder teilweise entbehrlich ist, der Ortspostanstalt gleichzeitig mit der Zahlkarte ein roter Scheck auf das Konto des Amts bei der K. Bank zugunsten der der Ortspostanstalt vorgesetzten Postbezirkskasse oder der Giropostkasse zu übergeben (vgl. die Entschl. vom 25. September 1914 FMBl. 275).

9. Unter Bezugnahme auf Ziff. 5 Abs. 1 der Bekanntmachung vom 17. August 1909 (FinMinBl. S. 561) wird darauf hingewiesen, daß der Mindestbetrag der Stammeinlage nunmehr auf 50 ℳ[1]) herabgesetzt worden ist. Ferner wird darauf aufmerksam gemacht, daß die Briefe der Ämter und Kassen an die Postscheckämter nur der Gebühr im Ortsverkehr (also bei Sendungen bis zu 250 Gramm einem Porto von 7 ½ Pf.) unterliegen, wenn hiezu besondere Umschläge, die von den Postscheckämtern bezogen werden können, verwendet werden. (§ 11 der PSchO. GVOBl. 1914 S. 160).

München, den 14. Oktober 1916.

gez. von Breunig.

---

[1]) Jetzt 25 ℳ; s. Anm. 1 auf S. 2.

Anlage

Postscheckamt (München)

Angewiesen aus dem Konto

Nr. *1709*

des Rentamts

Miesbach

Für *Oktober 1916*

Gehalt *600,00 ℳ*

Diäten-Av. *42,50 ℳ*

Büroaufwand-A. *42,00 ℳ*

684,50 ℳ

Ab

Beitrag z. Forstp. UB. u. z.

Töchterkasse *9,50 ℳ*

Mietentschädigung *47,50 ℳ*

Rest 627,50 ℳ

Bezüge aus der bayerischen Staatskasse PSchA. (München).

Zahlungsanweisung Nr.

auf *627* Mark *50* Pf.

sechshundertsiebenundzwanzig Mark *50* Pf.

Herrn

K. Forstmeister Josef Huber

in *Schliersee*

Für das Postscheckamt

Ankunfts-Nr.

Ankunftsstempel

D.

Nr. 215a/3.

K. Staatsministerien des Königlichen Hauses und des Äußern und des Innern.

Bekanntmachung.

Den Anschluß der Behörden an den Postscheckverkehr sowie an den Giroscheckverkehr mit den K. Bankanstalten betr.

(MinBl. des Innern 1910 Nr. 9 S. 145—162 und FinMinBl. 1910 Nr. 3 S. 43—60).

Es ist erwünscht, daß die staatlichen Stellen und Behörden, die unter sich oder mit Privatpersonen in Geldverkehr stehen, sich hiebei mehr als bisher derjenigen Einrichtungen bedienen, die zur Einschränkung des baren Geldumlaufes in neuerer Zeit getroffen worden sind.

Die den K. Staatsministerien des K. Hauses und des Äußern sowie des Innern untergeordneten Stellen und Behörden werden deshalb im Einverständnis mit dem K. Staatsministerium der Finanzen hiemit angewiesen und ermächtigt, sich dem Postscheckverkehr sowie dem Giroscheckverkehr mit der K. Bank und ihren Filialen im Bedürfnisfalle anzuschließen.

Da der Zweck des Anschlusses der Behörden an den Postscheckverkehr hauptsächlich die Entgegennahme von Zahlungen im Verkehr mit Privatpersonen ist, wird hiezu überall dort Anlaß bestehen, wo durch den Anschluß einer größeren Anzahl von Privatpersonen an den Postscheckverkehr* auf die Benützung der Einrichtung durch letztere gerechnet werden kann. Auch dort, wo zurzeit nur eine geringe Anzahl solcher Privatpersonen vorhanden ist, wird sich wenigstens versuchsweise der Anschluß empfehlen, da wohl darauf gerechnet werden kann, daß das Vorgehen der staatlichen Behörden in ihren Bezirken auf das Verhalten der Privatpersonen nicht ohne Einfluß bleiben dürfte.

Der Anschluß der Behörden an den Giroscheckverkehr mit den K. Bankanstalten wird dagegen dort in Frage kommen, wo die Behörden selbst einen erheblicheren Geldverkehr haben oder wo wenigstens bisher größere Geldbeträge bis zu ihrer Verwendung längere Zeit unbenützt in den Kassen lagen. Auch darüber hinaus wird sich mit Rücksicht auf die an den Giroscheckverkehr der K. Bank angeschlossenen Privatpersonen für die Stellen und Behörden, die sich am Sitze oder doch in unmittelbarer Nähe einer K. Bankanstalt befinden, der Anschluß vielfach empfehlen.

Der Anschluß hat an dasjenige Postscheckamt oder diejenige K. Bankanstalt zu erfolgen, welche die günstigste Verkehrsverbindung besitzt.

Im übrigen wird auf die nachstehend in den Anlagen I und II abgedruckten Vorschriften verwiesen.

München, den 21. Februar 1910.

(gez.:) von Brettreich

I. A.
Ministerialdirektor
von Rauck.

* Die Eröffnung eines Postscheckkonto empfiehlt sich für eine Behörde oder Kassenverwaltung auch dann, wenn diese häufig Einzahlungen von Privatpersonen, die auswärts wohnen, entgegenzunehmen hat, weil die höhere Postanweisungsgebühr z. B. für Zahlungen von über 100 ℳ zu 30 Pfg. ganz dem Absender zur Last fällt, während für eine Zahlkarte, deren Postgebühr (§ 2 Abs. XIII PSchO.) vom Empfänger zu tragen ist, nur 15 Pfg. Zuschlagsgebühr nach Ziff. 4 Abs. 1a mitzuentrichten sind, mithin letzterer Weg als der einfachere und billigere vorzuziehen sein wird. (Vgl. Anmerkung auf S. 91.)

Nr. 27121.

K. Staatsministerium des Innern für Kirchen- und Schulangelegenheiten.

Bekanntmachung.

Den Anschluß der Behörden an den Postüberweisungs- und Scheckverkehr betr.

(KultusMinBl. 1911 Nr. 1 S. 4—11).

Unter Hinweis auf die Postscheckordnung vom 17. November 1908 — GVBl. S. 981 (jetzt 7. Juni 1914 GVBl. S. 160 bis 171) — und die Bekanntmachung des K. Staatsministeriums für Verkehrsangelegenheiten vom 26. Oktober 1909 — GVBl. S. 736 — und vom 24. März 1910 — GVBl. S. 150 — werden die dem K. Staatsministerium des Innern für Kirchen- und Schulangelegenheiten untergeordneten Stellen und Behörden im Einverständnis mit dem K. Staatsministerium der Finanzen ermächtigt, sich dem Postscheckverkehr im Bedürfnisfalle anzuschließen.

Da der Zweck des Anschlusses der Behörden an den Postscheckverkehr hauptsächlich in der Entgegennahme von Zahlungen im Verkehr mit Privatpersonen besteht, wird zu dem Anschluß insbesondere dort Anlaß gegeben sein, wo nach der Anzahl der Anschlüsse von Privatpersonen an den Postscheckverkehr* auf die Benützung der Einrichtung durch diese in größerem Umfange gerechnet werden darf.

Für Kasseverwaltungen mit geringerem Geldverkehr und für solche Anstalten, deren Einnahmen in der Hauptsache aus der staatlichen Dotation bestehen, wird der Anschluß an den Postscheckverkehr nicht in Betracht kommen.

Der Anschluß hat an dasjenige Postscheckamt zu erfolgen, das die günstigste Verkehrsverbindung besitzt.

Im übrigen wird auf die nachstehend in der Anlage abgedruckten Vorschriften verwiesen.

München, den 28. Dezember 1910.

(gez.:) Dr. von Wehner.

* Auf die häufigere Benützung der Zahlkarten-Einzahlungen für Schulgelder usw. könnte aus den in der Anmerkung S. 80 erwähnten Gründen auch seitens solcher Privatpersonen, die keine Postscheckkonto-Inhaber sind, wohl gerechnet werden. (Vgl. Anmerkung auf S. 91.)

Anlage I.

Vorschriften

für den Postscheckverkehr.

1.

I Der Antrag auf Eröffnung eines Kontos bei einem Postscheckamte ist durch die Vorstände der an den Postscheckverkehr anzuschließenden Behörden zu stellen.

II Zur Bestellung von Formblättern und zur Ausstellung der Überweisungen und Schecks sind die Amtsvorstände und in deren Verhinderung oder Auftrag die Stellvertreter berechtigt.* Auf Antrag können hiezu auch andere Beamte ermächtigt werden. Die Ermächtigung erfolgt bei den den Regierungen untergeordneten Behörden durch die Regierungen, Kammern des Innern, im übrigen durch das Ministerium. Die Unterschriften dieser Beamten sind von deren vorgesetzter Behörde bzw. dem Amtsvorstande zu beglaubigen und sodann beim Postscheckamte zu hinterlegen.

* Für Unterrichtsanstalten usw. ist nach MBek. vom 28. Dezember 1910 (KultusMBl. 1911 S. 5) nach „berechtigt" folgender Satz eingeschaltet:

Ist bei der Stelle oder Behörde eine besondere Kasseverwaltung eingerichtet, so kommt diese Berechtigung der Kasseverwaltung (bei Universitäten den Rentämtern) nach Maßgabe der bestehenden Dienstvorschriften zu.

Vgl. Ziff. 6 Abs. I u. III der Vorschriften für die Finanzkassen und Anmerkungen 1 und 2 hiezu S. 63/64.

2.

I **Auf jedes Konto muß eine Stammeinlage von 100 ℳ[1]) eingezahlt werden; die Einzahlung hat bei Behörden mit mehreren Kassen in der Regel aus den Mitteln der Regiekasse zu erfolgen.**

II **Die Einlage bildet einen Bestandteil der Kasse, der sie entnommen wurde.** Das gleiche gilt bezüglich der durch die Einzahlungen und Übertragungen Dritter entstehenden Guthaben, und zwar zugunsten der Kasse, auf deren Rechnung die Einzahlung oder Übertragung erfolgte. Die Einlagen und Guthaben sind hienach bei der Aufnahme der Kassenbestände und in den Abschlüssen jeweils als Teile des Kassenbestandes mit zu berücksichtigen.

III **Über die Stammeinlage hinaus dürfen keine Beträge auf das eigene Konto eingezahlt werden.** Soferne das auf dem Postscheckkonto der Behörde durch Einzahlungen oder Übertragungen Dritter angewachsene Guthaben nicht in naher Zeit zur Begleichung von Zahlungen an Kontoinhaber erforderlich ist, ist der verfügbare Teil entweder, soweit er zu eigenen Zahlungen benötigt wird, mittels Schecks abzuheben oder zur Erfüllung einer etwaigen Ablieferungsschuldigkeit zu verwenden oder (soferne die Behörde mit der K. Bank im Giroverkehr steht) in auf 100 ℳ abgerundeten Beträgen auf ein der Behörde bei der K. Bank eröffnetes Konto zu übertragen. Die Ablieferung an die Kasse, mit welcher abzurechnen ist, und die Einzahlung auf das eigene Konto bei der K. Bank hat in diesen Fällen durch Übersendung von Schecks an die Kasse bzw. die K. Bankanstalt zu erfolgen. Die den Kassen zu übergebenden Schecks sind als Inhaberschecks auszustellen, d. h. es ist in diesen ein Zahlungsempfänger nicht zu bezeichnen, während bei Übertragungen auf das Bankkonto als Empfängerin die betreffende K. Bankanstalt im Scheck anzugeben ist. Die Versendung der Inhaberschecks durch die Post hat mittels Wertbriefs zu erfolgen.

Vgl. Ziff. 5 der Vorschriften für die Finanzkassen und Anmerkungen hiezu S. 62/63 sowie FME. vom 14. Oktober 1916 (S. 75—78).

[1]) Jetzt 25 ℳ; s. Anm. 1 auf S. 2.

3.

I Den Hauptgegenstand des Postscheckverkehrs hat zunächst die Entgegennahme von Zahlungen im Verkehr mit Privatpersonen zu bilden.

II Auf Verlangen von Inhabern von Postscheckkonten können jedoch auch Zahlungen an diese nach vorheriger Einsendung einer vorschriftsmäßigen Quittung im Wege der Überweisung geleistet werden. Steht den Behörden zu Zahlungen durch Überweisung auf das Scheckkonto Dritter ein ausreichendes Guthaben nicht zur Verfügung, so sind die Beträge mittels Zahlkarte auf das Konto des Dritten einzuzahlen.

III Von der Einbeziehung des zurzeit unter dem Vermerke „Frei durch Ablösung" erfolgenden Geldverkehrs zwischen den staatlichen Behörden unter sich und zwischen diesen und der K. Bank in den Postscheckverkehr ist dagegen, abgesehen von den in Ziff. 2 Abs. III erwähnten Fällen, vorerst Abstand zu nehmen.

IV Schecks zur Begleichung von Zahlungen aus dem Guthaben der Behörden sind, abgesehen von solchen zum Zwecke der Übertragung des Postscheckguthabens auf ein Girokonto der K. Bank oder der Erfüllung der Ablieferungsschuldigkeit an ein Rentamt (Ziff. 2 Abs. III), bis auf weiteres in der Regel nicht auszufertigen.* Von den Behörden ist ein Antrag, die für sie eingehenden Postanweisungen ihrem Postscheckkonto gutzuschreiben (§ 4 Abs. I der Postscheckordnung), nicht zu stellen.

* Für Unterrichtsanstalten ist nach MBek. vom 28. Dezember 1910 (KultusMBl. 1911 S. 7) nach „auszufertigen." Abs. V vorgerückt und folgender Absatz VI eingefügt, dann der zweite Satz von IV „Von den Behörden" usw. als Absatz VII nachgestellt.

V Die Überweisungen von Geldern zwischen Behörden, denen ein Girokonto bei der K. Bank eröffnet ist, haben im Wege des Giroverkehrs durch die K. Bank zu erfolgen.

VI Nach § 4 Abs. III und IV der PSchO. (in der Fassung vom 24. März 1910 — jetzt § 4 Abs. IV vom 7. Juni 1914) können die Behörden auch Beträge, welche sie durch Nachnahme einziehen, unmittelbar ihren Postscheckkonten mittels Zahlkarten überweisen lassen. (Vgl. Ziff. 4 Abs. IV unten).

Vgl. Ziff. 2 der Vorschriften für die Finanzkassen und Anmerkungen hiezu S. 56—58. Die in Abs. III oben enthaltene Beschränkung stützt sich auf die Allerh. Verordng. vom 22. Dezember 1907 und MBek. vom 25. Dezember 1907 (GVBl. S. 1081—1093).

4.

I Zur Deckung der den Behörden entstehenden Gebühren und sonstigen Auslagen haben diejenigen, welche auf das Postscheckkonto dieser Behörden Einzahlungen leisten oder Übertragungen vornehmen, über den Betrag ihrer Schuldigkeit hinaus noch nachstehende Beträge (Zuschläge) einzuzahlen bzw. zu übertragen:

a) im Falle der Bareinzahlung auf das Konto einer Behörde mittels Zahlkarte einen festen Betrag von 5 Pf. sowie weitere 10 Pf. auf je 500 ℳ oder einen Teil dieser Summe, bei Summen, welche 10 ℳ nicht übersteigen, jedoch im ganzen nur 10 Pf.,

b) im Falle der Übertragung auf das Konto einer Behörde mittels Überweisung einen festen Betrag von 5 Pf. sowie weitere 5 Pf. auf je 500 ℳ oder einen Teil dieser Summe.

II Werden bei Bareinzahlungen und Übertragungen die von den Zahlungspflichtigen zu leistenden Zuschläge vereinzelt nicht oder nicht in voller Höhe entrichtet, so können die Behörden, soferne die Minderleistung offenbar auf Unkenntnis oder Versehen beruht, von der Nachforderung geringfügiger Beträge absehen. Ebenso kann von der Rückvergütung zuviel bezahlter Zuschläge Umgang genommen werden, soferne es sich nur um geringfügige Beträge handelt und die Zahlungspflichtigen die Rückzahlung nicht ausdrücklich verlangen.* Derartige Differenzen sind im Gegenkonto in der Rubrik über die von den Zahlungspflichtigen einbezahlten bzw. den Zahlungsempfängern abgezogenen Postgebühren ab- bzw. zuzusetzen.

III (V*) Bei Überweisungen von dem Konto einer Behörde auf das Konto eines Dritten wird an der zu übertragenden Summe ein fester Betrag von 5 Pf. in Abzug gebracht, soweit nicht nach den bestehenden Vorschriften die Übersendung des Geldbetrages an den Dritten von den überweisenden Behörden portofrei zu erfolgen hat. In diesem Falle findet ein Abzug an der zu überweisenden Summe nicht statt.

* Für Unterrichtsanstalten usw. lautet nach MBek. vom 28. Dezember 1910 (KultusMBl. 1911 S. 8) der letzte Satz von II: „Derartige Beträge sind in Spalte 5 des Gegenkontos zu- oder abzusetzen"; Absatz III ist als Absatz V zurückgestellt, wogegen folgende zwei Absätze III und IV eingefügt sind:

III Bei Einzahlungen oder Übertragungen auf das Postscheckkonto wird seitens der Behörden eine Quittung nur auf ausdrückliches Verlangen erteilt. Wird die Zusendung der Quittung beantragt, so erfolgt diese als portopflichtige Dienstsache, soferne nicht die Postgebühr für die Übersendung bereits miteinbezahlt oder überwiesen worden ist.

IV Sollen nach § 4 Abs. III und IV PSchO. (jetzt Abs. IV) Beträge durch Nachnahme eingezogen und den Postscheckkonten der Behörden durch Zahlkarte zugeführt werden, so ist außer dem Porto und der Vorzeigegebühr — § 19 Ziff. III lit. a und b der Postordnung in der Fassung der Bekanntmachung vom 6. Juni 1910, GVBl. Nr. 28 S. 275 — noch die nach Ziff. 4 Abs. I lit. a der gegenwärtigen Vorschriften sich berechnende Gebühr mit einzubeziehen.

Vgl. Ziff. 3 Abs. II, III u. V der Vorschriften für die Finanzkassen und Anmerkungen 2—6 hiezu S. 58—61.

5.

I Wegen Lieferung der Formblätter zu Überweisungen und zu Schecks wird auf die §§ 7, 8 (jetzt §§ 7 und 9) der Postscheckordnung verwiesen. Die Überweisungs- und Scheckformblätter sind in den Kassenschränken zu verwahren. Sollten solche gleichwohl abhanden kommen, so ist das Postscheckamt hievon ohne Verzug schriftlich zu benachrichtigen.

II Die Schecks und Überweisungen sind unter Beidrückung des Dienstsiegels auszufertigen.

III Bei der Ausstellung von Überweisungen und Schecks haben die Beamten auch den zurückbleibenden Abschnitt auszufüllen und mit ihrem Namenszug zu versehen.

Vgl. Ziff. 6 Abs. I, II u. IV der Vorschriften für die Finanzkassen und Anmerkungen hiezu S. 63 u. 64.

6.

I Die an den Postscheckverkehr angeschlossenen Behörden haben für jede am Postscheckverkehr beteiligte Kasse ein besonderes Gegenkonto nach dem nachstehend abgedruckten Muster zu führen.

II * Die fortlaufenden Kontoauszüge, die Lastschrift-, Gebühren- und Berichtigungszettel bilden Belege zum Gegenkonto. Die von den Postscheckämtern übersandten Abschnitte von Zahlkarten und Überweisungen und die Gutschriftszettel sind mit der Seite des Kassebuchs, in welchem der bezügliche Betrag vereinnahmt wurde, zu versehen, fortlaufend zu sammeln und nach Jahrgängen geordnet aufzubewahren.

III * In der dafür unter den Gutschriften vorgesehenen Spalte des Gegenkontos sind die Beträge zu vereinnahmen, welche von den Einzahlenden über ihre Schuldigkeit hinaus zur Deckung der entstehenden Gebühren und Auslagen zu leisten sind oder den Zahlungsempfängern bei Übertragungen auf ihr Postscheckkonto an ihrer Forderung in Abzug gebracht werden (s. Ziff. 4 Abs. I und III). Die vom Postscheckamte für Formulare, Gebühren rc. in Aufrechnung gebrachten Beträge sind in der entsprechenden Rubrik des Gegenkontos unter den Lastschriften zu verausgaben.

* Für Unterrichts- usw. Anstalten ist nach MBek. vom 28. Dezember 1910 (KultusMBl. 1911 S. 9) der Absatz II in III und Absatz III in II umgestellt; letzterer lautet hier wie folgt:

II In der Spalte 5 sind die Beträge anzugeben, welche von den Zahlungspflichtigen zur Deckung der Gebühren und Auslagen zu leisten sind (siehe Ziff. 4 Abs. I) oder den Zahlungsempfängern bei Überweisungen auf ihr Postscheckkonto abgezogen werden (siehe Ziff. 4 Abs. V). Die vom Postscheckamt für Formblätter, Gebühren usw. aufgerechneten Beträge sind in der Spalte 6 anzugeben.

IV Sobald der Abschluß des Postscheckkontos für den 31. Dezember jeden Jahres nebst der Gebührenberechnung bis zu diesem Zeitpunkte vom Postscheckamt übersandt ist, ist auch das Gegenkonto abzuschließen. Die Gegenkontos sind zu den Rechnungsbelegen zu nehmen.

V Der durch die Zuschläge der Einzahlenden nicht gedeckte Betrag an Gebühren rc. des Postscheckamts ist in der gleichen Weise wie die übrigen Post-, Telegraphen- und Telephongebühren der angeschlossenen Behörde zu verrechnen. Ein etwaiger Überschuß der Zuschläge über die Gebühren rc. des Postscheckamts ist an diesen Ausgaben zu kürzen.

Vgl. Ziff. 7 der Vorschriften für die Finanzkassen und Anmerkungen 1—6 hiezu S. 65—67.

7.

Die an den Postüberweisungs- und Scheckverkehr angeschlossenen Behörden haben durch Aufdruck der Nummer des Postscheckkontos und des Postscheckamtes auf ihre Schreiben, Zahlungsaufforderungen usw. oder in sonst geeigneter Weise die Zahlungspflichtigen auf die Möglichkeit der Einzahlung auf das Postscheckkonto, und zwar unter Angabe des in diesem Falle zu zahlenden Zuschlags (Ziff. 4), hinzuweisen.

Vgl. Ziff. 4 Abs. I der Vorschriften für die Finanzkassen S. 61.

K. Staatsministerium des Innern.

Bekanntmachung vom 31. Oktober 1912.

Rechnungsvorschriften für die Sparkassen der Gemeinden und Distrikte, hier: Bank- und Postscheckverkehr.

(MinBl. des Innern 1912 Nr. 50 S. 1087 ff.).

Bankverkehr.

§ 22.

I Die Sparkasse kann über ihr Guthaben im Giroscheckverkehr und im Kontokorrentverkehr mit Banken ein Gegenbuch führen. In diesem Falle kann die Führung eines Kontos (§ 13 Abs. I Ziff. 3), soweit es sich um solche Guthaben der Sparkasse handelt, unterbleiben.

II Die Guthaben der Sparkasse bilden Teile des Kassebestandes; sie müssen demnach bei Abschlüssen und Aufnahmen der Kassenbestände mitberücksichtigt werden.

III Einzahlungen der Sparkasse auf das eigene Bankkonto und Abhebungen von dem eigenen Bankkonto verändern die Kassenbestände nicht. Sie bilden demgemäß keine Einnahmen und Ausgaben für die Kasse (§§ 9 ff.) und werden nicht im Kassenbuche, sondern nur im Gegenbuche nachgewiesen.

IV Dagegen sind als Einnahmen anzusehen;

die Einzahlungen und Überweisungen Dritter auf das Bankkonto der Sparkasse, sowie die Zinsguthaben der Sparkasse,

ferner als Ausgaben:

die Zahlungen und Überweisungen aus dem eigenen Bankkonto an Dritte.

Diese Einnahmen und Ausgaben sind im Kassebuche ebenso vorzutragen, wie wenn sie bar ausgeglichen worden wären.

V Jeder Scheck ist nach Ausfüllung bei den Sparkassen der Gemeinden durch den Bürgermeister und den Kassenverwalter, bei den Sparkassen der Distrikte durch den Vorstand des Distriktsratsausschusses und den Kassenverwalter zu unterschreiben, sofern nicht die Unterzeichnung der Schecks zwei Kassebeamten überlassen ist.

VI Die Verwendung eines Scheckblattes ist auf dem im Scheckbuche zurückbleibenden Teile des benützten Formblattes unter Angabe des Betrages, des Tages usw. von den Unterzeichnern des Schecks unterschriftlich zu bescheinigen.

VII Das am Schlusse des Jahres verbleibende Guthaben der Sparkasse ist im Vermögensausweise unter den Aktiven, ein etwaiges Guthaben der Bank unter den Passiven vorzutragen.

Postscheckverkehr. **§ 23.**

Auf den Postscheckverkehr findet § 22 entsprechende Anwendung.

In § 9 ist die Führung eines Kassentagebuches, das über alle Einnahmen und Ausgaben der Sparkasse einen vollständigen Ausweis zu bieten hat, vorgeschrieben. Hilfs- und Nebenkassebücher sind zugelassen. Nach § 11 sind die Einnahmen und Ausgaben in ein Gegentagebuch einzutragen, soweit die Gegenbuchführung nicht erlassen ist.

Außer dem Kassebuch und dem Gegenbuche muß jede Sparkasse nach § 13 unter anderem ein Kontenbuch (Hauptbuch) über die Vermögensanlagen (Darlehen, Wertpapiere, Bankverkehr, Postscheckverkehr usw.) führen. Hiezu sind die Formblätter IX und X vorgeschrieben.

In dem unter § 13 Ziff. 6 vorgeschriebenen Buch über die Bücherabschlüsse und Kassenstürze (Formblatt XIII) sind beim Ausweis des wirklichen Kassebestandes neben Banknoten, Gold-, Silber-, Nickel-, Kupfermünzen, Postwertzeichen auch Bankguthaben, Postscheckguthaben einzustellen.

Als Folge der Vorschrift in § 22 Abs. III sind in der Hauptrechnung weder bei den Einnahmen (Kap. IV a) noch bei den Ausgaben (Kap. IV) Vorträge für Vermögensbestände, die sich aus dem Bankgiro- oder Kontokorrent- oder Postscheckverkehr ergeben, vorgesehen; deshalb sind diese Guthaben auch bei Abgleichung der rechnungsmäßigen Einnahmen und Ausgaben (MBl. S. 1110) in der verbleibenden Mehreinnahme inbegriffen. Dagegen sind die hieraus fließenden Zinsen unter den Vermögenserträgnissen (Kap. IV b § 12 u. § 13) zu vereinnahmen, so daß sie selbstverständlich auch im Gewinn- und Verlustausweise III a (MBl. S. 1178/79) rechnerisch mit berücksichtigt sind.

Die Vorschrift in § 22 Abs. VII bezieht sich also nur auf den besonders angeordneten Vermögensausweis IV (MBl. S. 1182/83), worin die Bankguthaben (Ziff. 8) gleich dem Kassebestande (Ziff. 15) der Abgleichung halber mit enthalten sein müssen.

Eine doppelte Festhaltung des jeweiligen Postscheckguthabens in dem laut § 13 Abs. I Ziff. 3 vorgeschriebenen Kontenbuche und einem als Postscheckgegenkonto zu führenden Ausweise wird im Hinblick auf § 22 Abs. I nicht erforderlich sein.

Mit MinistEntschl. vom 9. Februar 1917 Nr. 300 a 15 701 sind die gemeindlichen und distriktsgemeindlichen Sparkassen unter Hinweis auf § 12 Abs. II §§ 13, 14 u. 27 Abs. I der Grundbestimmungen vom 1. Juni 1911 (MABl. S. 321) angehalten worden, sich dem Bankgiro- oder Postscheckverkehr anzuschließen.

Formblatt IX.

Bankkonto

für den Giroscheck- und Kontokorrentverkehr mit der Kgl. Bank in

Fortl. Nr.	Tag	Kassenbuch Nr.	Vortrag	Gutschrift Einzahlungen und Zinsgutaben		Lastschrift Abhebungen, Porto, Gebühren usw.		Stand des Guthabens		Schuld an die Bank	
				M	Pf	M	Pf	M	Pf	M	Pf
1	2.1.12.	—	*Guthaben am 31. Dez. 1911*					15 790	18		
2	5.1.12.	811	*Einzahlung durch N. auf Darlehenskonto N.*	1 000				16 790	18		
3	2.2.12.	1730	*Scheck 1/19 Überweisung der Spareinlage d. N. Konto Nr. an die K. Bank Nürnberg für die städtische Sparkasse Nürnberg*			5 170	20	11 619	98		
4	4.5.12.	—	*Scheck 1/20 Barerhebung*			15 000				3 380	02
5	7.7.12.	6020	*Zinsen I. Halbjahr 1912*	70						3 310	02
6	7.7.12.	6021	*Porto usw. I. Halbjahr 1912*			2	50			3 312	52
7	10.7.12.	—	*Bareinzahlung*	20 000				16 687	48		

Dieses zu § 13 Abs. I Ziff. 3 der Rechnungsvorschriften vorgeschriebene Formblatt IX ist unter Weglassung der letzten Spalte auch als Kontogegenbuch im Sinne vom § 22 Abs. I der Rechnungsvorschriften verwendbar. Die Sparkasse kann die auf ihren Kredit erhobenen Vorschüsse auf ihr Giroscheckkonto einzahlen oder überweisen lassen und über ihr so gewonnenes Guthaben dann durch Einträge im Kontogegenbuch verfügen.

Formblatt X

Postscheckkonto

Verkehr mit dem Postscheckamte ....

Fortl. Ziffer	Tag	Kassenbuch-Nr.	Vortrag	Gutschrift (Einzahlungen)		Lastschrift				Stand des Guthabens	
						Abhebungen		Gebühren usw.			
				ℳ	₰	ℳ	₰	ℳ	₰	ℳ	₰
1	5. 1. 12.		*Bareinzahlung*	100						110	
2	7. 1. 12.	209	*Für Postscheckformblätter*					3		107	
3	8. 1. 12.	220	*N. N. auf Darlehenskonto Nr.*	50						157	
4	10 1.12.	315	*Scheck 1/1 Einlagerückzahlung an N. Konto Nr.*			49	18			107	82
5	11.1.12.	333	*N. auf Einlage Konto Nr.* ...	700						807	82
6	15.1 12.	519	*Postscheckgebühren 5.—15. 1. 12*						30	807	52
7	16 1.12.	—	*Scheck 1/2 Abhebung*			700				107	52
8	17.1.12.	600	*Überweisung durch Sparkasse N. für X. auf Einlagekonto Nr.*	517	30					624	82

Dieses als Formblatt X zu § 13 Abs. I Ziff. 3 der Rechnungsvorschriften zu führende Konto ist auch als Kontogegenbuch im Sinne vom § 22 Abs. I und § 23 der Rechnungsvorschriften verwendbar.

K. Staatsministerium des Innern beider Abteilungen.
K. Staatsministerium der Finanzen.

Kassenwesen der Gemeinden und Stiftungen betreffend.

(MinBl. des Innern 1913 Nr. 20 S. 452/53 u. FinMinBl. 1913 Nr. 16 S. 359—360.)

Die Ministerial-Entschließung über das Kassenwesen in den rechtsrheinischen Landgemeinden vom 12. Oktober 1869 wird in Ziff. I 4 durch folgende Vorschrift ergänzt:

„Zahlungen an auswärtige Empfänger sind möglichst im Postanweisungs- und Postscheckverkehr zu leisten.

Bei gleichzeitiger Aufgabe von zwei oder mehr Postanweisungen, die in der gleichen Rechnung vorzutragen sind, können die Postaufgabeverzeichnisse verwendet werden, die bei der Post zu haben sind.

Die Postaufgabescheine, Posteinlieferungsscheine und Postaufgabeverzeichnisse gelten als Zahlungsnachweise (Quittungen).“

Die Gemeinden mit städtischer Verfassung werden wegen Einführung dieser Geschäftsvereinfachung auf Art. 107 Abs. III der Gemeindeordnung verwiesen.

München, den 16. Mai 1913.

J. A. Staatsrat von Steiner. J. A. Staatsrat Dr. von Günder,

J. V. Staatsrat von Kahr.

Nachdem die in der MBek vom 25. Juli 1916 Ziff. I, 6 Abs. 2e getroffene Anordnung, daß die an den Postscheckverkehr angeschlossenen Ämter und Kassen künftig alle Zahlungen, die bisher im Postanweisungsverkehr erledigt wurden, im Wege des Postscheckverkehrs zu leisten haben, von sämtlichen Zivilstaatsministerien erlassen ist, wird die hierauf sich gründende FME. vom 14. Oktober 1916 (abgedruckt auf S. 75—78) hier gleichmäßige Anwendung zu finden haben.

Weitere Aufforderung, daß sich die Stellen, Behörden, Anstalten, Stiftungen usw. zur Förderung des bargeldlosen Zahlungsverkehrs alsbald Bankgiro- oder Postscheckkonten eröffnen zu lassen hätten, ist mit Entschl. des K. Staatsm. des K. Hauses u. des Äußern, dann des Innern beider Abteilungen vom 9. Februar 1917 Nr. 300a 15701 unter Hinweis auf die FMBek. vom 10. Juli 1916 ergangen.

E.

K. Staatsministerium der Justiz und der Finanzen.

Bekanntmachung.

Den Anschluß der Gerichte und Strafanstalten an den Post-Überweisungs- und Scheckverkehr betr.

(JustizMinBl. 1910 Nr. XVI S. 681—687 u. FinMinBl 1910 Nr. 18 S. 240—246).

Nr. 1.

Die Gerichte und Strafanstalten haben sich an den Post-Überweisungs- und Scheckverkehr anzuschließen. Die Gerichte und Strafanstalten, deren Sitz sich in den Regierungsbezirken Oberbayern, Niederbayern und Schwaben befindet, haben bei dem Postscheckamte München, die Gerichte und die Strafanstalt der Pfalz bei dem Postscheckamte Ludwigshafen und die übrigen Gerichte und Strafanstalten bei dem Postscheckamte Nürnberg nach Maßgabe der Postscheckordnung vom 17. November 1908 (Ges. u. VOBl. S. 981) und der Nachträge vom 26. Oktober 1909 (Ges. u. VOBl. S. 736) und vom 24. März d. J. (Ges. u. VOBl. S. 150) — jetzt gültige PSchO. vom 7. Juni 1914 (Ges. u. VOBl. S. 160—171) die Eröffnung von Konten zu beantragen.

Die in der Ministerialbekanntmachung vom 25. Juli 1916 Ziff. I 6 Abs. 2 e bei der Einführung von Dienstwertzeichen für den amtlichen Verkehr getroffene Anordnung, daß die an den Postscheckverkehr angeschlossenen Ämter und Kassen künftig alle Zahlungen, die bisher im Postanweisungsverkehr erledigt wurden, im Wege des Postscheckverkehrs zu leisten haben, hat — als von sämtlichen Zivilstaatsministerien erlassen — auch für die in Frage kommenden Justizbehörden Geltung; deshalb wird die hierauf sich gründende Finanz-Ministerial-Entschließung vom 14. Oktober 1916 Nr. 24 786 (abgedruckt auf S. 75—78) hier gleichmäßige Anwendung zu finden haben.

Hierwegen wird auf die Anmerkungen zu Ziff. 2 der Vorschriften für die Finanzkassen (S. 56—58) verwiesen.

Nr. 2.

1. Bei den Gerichten ist die Eröffnung der Postscheckkonten für die rechnungsführenden Gerichtsschreiber als solche (nicht auf deren Namen) zu beantragen. Sind an einem Gerichte mehrere rechnungsführende Gerichtsschreiber, so soll für die Geschäftssparte eines jeden ein Postscheckkonto eröffnet werden. Bei großen Gerichten darf auch für die Regiekasse und die Gerichtsvollzieherei die Er-

öffnung eines Postscheckkontos beantragt werden. Für die gerichtlichen Hinterlegungsstellen sollen Postscheckkonten nicht eröffnet werden.

2. Die Eröffnung des Postscheckkontos hat der Vorstand des Gerichts oder der Strafanstalt bei dem Postscheckamte unter Verwendung des Formulars zu beantragen, das an den Postschaltern unentgeltlich zu erhalten ist. Die Bezeichnung, die das Konto führen soll, ist in dem Antrage genau anzugeben, z. B. „Amtsgericht Nürnberg, Gerichtsvollzieherei", oder „Amtsgericht München, Abteilung für Strafsachen rechnungsführender Gerichtsschreiber."

Abs. 2 ist gleichbedeutend mit Ziff. 6 Abs. III der Vorschriften für Finanzkassen (S. 64); die Anmerkung 2 hiezu ist daher auch hieher einschlägig, wogegen Abs. 1 eine Ergänzung der in Nr. 1 enthaltenen Bestimmung bildet.

Nr. 3.

1. An den Post-Überweisungs- und Scheckverkehr werden die Gerichte und Strafanstalten hauptsächlich zu dem Zweck angeschlossen, um auf diesem Wege Zahlungen von Privatpersonen entgegennehmen zu können.

2. Zwischen staatlichen Kassen, denen Girokonten bei der K. Bank eröffnet sind, werden Gelder durch den Giroverkehr überwiesen. An die Rentämter oder auf deren Konten bei der K. Bank dürfen staatliche Gelder nicht durch den Post-Überweisungs- und Scheckverkehr abgeliefert werden. Auch dürfen auf diesem Wege die Rentämter oder die K. Bank an die Gerichte oder Strafanstalten, z. B. zur Vorschußleistung, nicht zahlen. Die Gerichtsschreiber dürfen daher ihre Gebührenschuldigkeit nicht auf die Postscheckkonten der Rentämter einzahlen.* Die Strafanstalten haben bei Einzahlungen auf ihre eigenen Girokonten bei der K. Bank und bei Abhebungen von diesen Konten sich gleichfalls des Post-Überweisungs- und Scheckverkehrs nicht zu bedienen. Ausgenommen ist der Fall, daß nach Nr. 6 Abs. 2 das Postscheckguthaben einer Justizkasse auf das eigene Girokonto der Kasse bei der K. Bank übertragen oder zur Erfüllung der Ablieferungsschuldigkeit an ein Rentamt verwendet werden soll.

* Die Vorschriften unter Nr. 3 sind jenen für Finanz Ziff. 2 Abs. I, II und für innere Verwaltung Ziff. 3 Abs. I, II, IV u. V entsprechend und in Nr. 5/6 Ziff. II/2 S. 76, 77 und 80 der Blätter für das bayerische Finanzwesen 1911 besonders erläutert. Das in der FMBek. vom 17. August 1909 (FMBl. S. 561) ausgesprochene gleiche Verbot für die Ablieferung der Gebührenschuldigkeiten der Notariate ist durch Abs. 3 der FME. vom 17. Januar 1917 (Nachtrag S. 108) aufgehoben worden.

Nr. 4.

1. Privatpersonen können auf die Postscheckkonten der Gerichte und Strafanstalten durch Zahlkarte oder durch Überweisung von einem anderen Postscheckkonto zahlen (§§ 2, 3, 5 der Postscheckordnung). Beträge, welche die Gerichte oder Strafanstalten durch Nachnahme einziehen, können sie nach § 4 Abs. 3 und 4 der Postscheckordnung (in der Fassung der Bekanntmachung vom 24. März 1910, jetzt § 4 Abs. IV vom 9. Juni 1914), unmittelbar ihren Postscheckkonten mittels Zahlkarte überweisen lassen. Quittungen hierüber werden nur auf Verlangen erteilt und dann als portopflichtige Dienstsache übersendet, es sei denn, daß auch die Postgebühren für die Übersendung eingezahlt oder überwiesen worden sind. Den Antrag, die für sie eingehenden Postanweisungen ihrem Postscheckkonto gutzuschreiben (§ 4 Abs. 1 der Postscheckordnung), haben die Gerichte oder Strafanstalten nicht zu stellen.

2. Bei Einzahlungen und Überweisungen auf die Postscheckkonten der rechnungsführenden Gerichtsschreiber sind auf den Abschnitten der Zahlkarten und Überweisungsformblätter die eingezahlten oder überwiesenen Beträge, dann Name, Stand und Wohnort des Zahlungspflichtigen und die Nummer des Gebührenregisters oder des Einzugsregisters oder, wenn Gerichtsauslagen von den Parteien vorgeschossen werden, das Aktenzeichen anzugeben. Wenn das Mahn- oder Vollstreckungsverfahren schon eingeleitet ist oder die Vornahme einer gerichtlichen Handlung von der rechtzeitigen Erlegung eines Vorschusses abhängt (vgl. z. B. § 379 der Zivilprozeßordnung), so liegt es im Interesse des Zahlungspflichtigen, die Einzahlung auf Zahlkarte (nicht die Überweisung) zu wählen und das Gericht oder den Gerichtsschreiber unverzüglich von der Einzahlung in Kenntnis zu setzen; dabei ist der Posteinlieferungsschein vorzulegen.

3. Zur Deckung der Gebühren und Auslagen der Gerichte und Strafanstalten sind über die Beträge hinaus, welche auf die Postscheckkonten dieser Behörden eingezahlt oder überwiesen werden sollen, noch folgende Beträge (Zuschläge) einzuzahlen oder zu überweisen:

a) im Falle der Einzahlung durch Zahlkarte ein fester Zuschlag von 5 Pf. und ein weiterer Zuschlag von 10 Pf. für je 500 ℳ oder weniger, bei Beträgen bis zu 10 ℳ jedoch nicht mehr als 10 Pf. im ganzen,

b) im Falle der Überweisung ein fester Zuschlag von 5 Pf. und ein weiterer Zuschlag von 5 Pf. für je 500 ℳ oder weniger.

4. Von der Nachforderung geringfügiger Beträge kann abgesehen werden, wenn die Minderleistung offenbar auf Unkenntnis oder Versehen beruht. Auch die Rückvergütung zuviel gezahlter Zuschläge kann unterbleiben, wenn es sich um geringe Beträge handelt und die Rückzahlung nicht ausdrücklich verlangt wird. Derartige Beträge sind in der Spalte 5 des Gegenkontos zu- oder abzusetzen.

5. Sollten nach § 4 Abs. 3 und 4 der Postscheckordnung Beträge durch Nachnahme eingezogen und den Postscheckkonten der Gerichte und Strafanstalten durch Zahlkarte zugeführt werden, so sind die nach der Postordnung für Nachnahmesendungen sich berechnenden Porto- und Gebührenbeträge miteinzuziehen, soweit nicht die Staatskasse nach § 97 a des Reichs-Gerichtskostengesetzes und nach Art. 39 des Gebührengesetzes die Kosten für den Nachnahmebrief und die Vorzeigegebühr trägt.

Ausnahmlich des Schlußsatzes von Abs. 1, der sich mit Ziff. 2 Abs. III für Finanz deckt, sind die unter Nr. 4, Abs. 2, 3 u. 4 hier gegebenen Vorschriften fast gleichlautend, jedoch anders geordnet, in Ziff. 3 Abs. I—IV der FMBek. vom 17. August 1909 (S. 58/59) enthalten; es haben daher auch die Anmerkungen 1, 2 u. 3 hier dieselbe Geltung. Die Vorschrift in Abs. 5 mit der in Abs. 1 von Nr. 4 hier gegebenen Ermächtigung zur Gutschrift von Nachnahmebeträgen auf Postscheckkonto ist in den Vorschriften für die Finanzkassen noch nicht enthalten, weil diese Sachbehandlung erst durch die Änderung der PSchO. vom 24. März 1910 bzw. der Postordnung vom 6. Juni 1910 (GVBl. S. 151 u. 275) als zulässig erklärt wurde.

Nr. 5.

An die Inhaber von Postscheckkonten können die Gerichte und die Strafanstalten durch Zahlkarte oder Überweisung zahlen. Bei solchen Überweisungen ist zur Deckung der Gebühren der Betrag von 5 Pf. abzuziehen; ist das Geld portofrei zu übersenden, so unterbleibt der Abzug. Als vorläufiger Ausgabebeleg* dient in diesem Falle die Einlieferungsbescheinigung des Postscheckamts. Die Formblätter zu diesen Bescheinigungen sind von den Gerichten und Strafanstalten dem Vordrucke entsprechend auszufüllen und bei der Einsendung der Überweisung an das Postscheckamt beizufügen. Die Formblätter können von den Postscheckämtern bezogen werden. Durch Scheck sollen die Gerichte und Strafanstalten an Privatpersonen nicht zahlen.

Siehe Ziff. 3 Abs. V der Vorschriften für Finanzkassen und Anm. 4 u. 5 hiezu S. 59/60.

* Die Bestimmung, daß die Einlieferungsbescheinigung als vorläufiger Ausgabsbeleg dient, bezieht sich offenbar auf Beträge von über 50 ℳ (vgl. FME. vom 15. Februar 1900), so daß jetzt nach FME. vom 5. Februar 1915 (FMBl. S. 12, abgedruckt auf S. 73/74) erst bei Beträgen von über 800 ℳ eine vom Geldempfänger selbst auszustellende Bescheinigung notwendig erscheint. (Vgl. hiezu Anm. 3 zu Ziff. 2 Abs. IV der FMBek. vom 17. August 1909 S. 57.) Wenn der Einlieferungsschein (§ 2 Abs. VII bzw. Lastschriftzettel § 6 Abs. VI PSchO.) nicht wenigstens für Zahlung bis zum Betrage von 800 ℳ (gleich dem Postaufgabeschein für Postanweisungen) als endgültiger Rechnungsbeleg gelten würde, so hätte die Beigabe eines solchen keinen Zweck, da das Postscheckamt nach § 9 des Postscheckgesetzes ja ohne weiteres für die ordnungsgemäße Ausführung der Aufträge haftet. Dieser Folgerung entsprechend wird auch die FMBek. vom 14. Oktober 1916 (FMBl. S. 168, abgedruckt S. 75—78) hier sachgemäße Anwendung zu finden haben.

Nr. 6.

Die Gerichte und die Strafanstalten haben auf das Konto ein Stammeinlage von 100 ℳ (jetzt 25 ℳ nach § 1 Abs. V der Postscheckordnung) einzuzahlen und in dieser Höhe zu unterhalten. Die rechnungsführenden Gerichtsschreiber haben die Stammeinlagen für ihre Konten aus den Gebühreneinnahmen zu leisten. Über die Stammeinlage hinaus dürfen die Gerichte und die Strafanstalten Beträge auf das eigene Konto nicht einzahlen.

Soweit der die Stammeinlage überschreitende Betrag des Guthabens nicht in naher Zeit zu Überweisuugen an die Inhaber von Postscheckkonten verwendet werden kann (siehe Nr. 5) ist er durch Scheck abzuheben oder zur Erfüllung einer etwaigen Ablieferungsschuldigkeit an das Rentamt zu verwenden oder, sofern die Justizkasse an den Giroverkehr der K. Bank angeschlossen ist, in auf 100 ℳ abgerundeten Beträgen auf das Girokonto der Justizkassen bei der K. Bank zu übertragen. Die Ablieferung an das Rentamt und die Übertragung auf das eigene Konto bei der K. Bank hat in diesen Fällen durch Übersendung von Schecks an das Rentamt oder die K. Bank zu erfolgen, ein Zahlungsempfänger ist in den Schecks nicht anzugeben.

Die Guthaben auf den Postscheckkonten bilden Teile der Kassebestände der Gerichte und der Strafanstalten und sind bei der Aufnahme dieser Bestände und in den Abschlüssen besonders ersichtlich zu machen.

Die in Ziff. 5 für die Finanzkassen gegebenen Vorschriften sowie die Anmerkungen hiezu (S. 62/63) finden hier gleichheitliche Anwendung; ferner ist die Erläuterung Ziff. 3 Abs. 2 zur Gegenkontoführung (S. 103) hieher einschlägig (vgl. die Anmerkung 2 zu Ziff. 2 der Vorschriften für die Finanzkassen S. 57 und Nr. 3 Abs. 2 gegenw. Vorschriften S. 93).

Nr. 7.

1. Die Schecks und die Überweisungen sind unter Beidrückung des Dienstsiegels anzufertigen. Bei den Postscheckkonten der rechnungsführenden Gerichtsschreiber werden die Schecks und die Überweisungen von diesen Beamten oder ihren Vertretern unterzeichnet. Die Vorstände der Gerichte und der Strafanstalten haben die Namen der zur Zeichnung der Schecks und Überweisungen berechtigten Beamten und ihrer Stellvertreter den Postscheckämtern mitzuteilen und die Unterschriften der Zeichnungsberechtigten zu hinterlegen.

2. Wegen der Lieferung der Formblätter zu den Schecks und den Überweisungen wird auf die §§ 7, 8 der Postscheckordnung verwiesen. Die Formblätter sind in den Kasseschränken aufzubewahren. Sollten sie abhanden kommen, so ist das Postscheckamt unverzüglich schriftlich zu benachrichtigen.

3. Die Bestimmungen der Postscheckordnung über die Ausfüllung der Formblätter zu den Überweisungen und Schecks sind genau zu beachten. Die rechnungsführenden Gerichtsschreiber und die übrigen zeichnungsberechtigten Beamten haben auch die zurückbleibenden Abschnitte auszufüllen und mit ihrem Namenszug zu versehen.

Gleichbedeutend mit den Vorschriften Ziff. 6 Abs. I, II u. IV für Finanzkassen (S. 63/64), nebst Anmerkungen, wovon jene zu Abs. III (Ziff. 2) auch als zu Nr. 2 oben einschlägig anzusehen ist.

Nr. 8.

1. Die Gerichte und die Strafanstalten haben ein Gegenkonto nach dem anliegenden Muster zu führen. In der Spalte 5 sind die Beträge anzugeben, welche von den Zahlungspflichtigen zur Deckung der Gebühren und Auslagen zu leisten sind (s. Nr. 4 Abs. 3) oder den Zahlungsempfängern bei Überweisungen auf ihr Postscheckkonto abgezogen werden (s. Nr. 5). Die vom Postscheckamte für Formblätter, Gebühren usw. aufgerechneten Beträge sind in der Spalte 6 anzugeben.

2. Die Gegenkonten zu den Postscheckkonten der rechnungsführenden Gerichtsschreiber sind von diesen zu führen. Welche Beamte die Gegenkonten zu den übrigen Postscheckkonten der Gerichte und zu den Postscheckkonten der Strafanstalten führen, bestimmen die Vorstände dieser Behörden.

3. Die fortlaufenden Kontoauszüge, die Lastschrift-, Gebühren- und Berichtigungszettel bilden Belege zum Gegenkonto. Die von den Postscheckämtern übersandten Abschnitte von Zahlkarten und

Überweisungen und die Gutschriftzettel sind, soweit es noch nicht geschehen, mit der Nummer des Gebühren- oder Einzugsregisters oder mit dem Aktenzeichen zu versehen (s. Nr. 4 Abs. 2), zu sammeln und nach Jahrgängen geordnet aufzubewahren.

4. Sobald das Postscheckamt den Abschuß des Postscheckkontos für den 31. Dezember jeden Jahres nebst der Gebührenberechnung übersendet hat, ist das Gegenkonto abzuschließen. Der durch die Zuschläge und die Abzüge (s. Nr. 4 Abs. 3 und Nr. 5) nicht gedeckte Betrag an Gebühren usw. des Postscheckamts ist ebenso zu verrechnen, wie die übrigen nicht unter die Portoablösung fallenden Postgebühren (vgl. die Bekanntmachung vom 14. Mai 1909 [JustizMinBl. S. 213]). Ein etwaiger Überschuß der Zuschläge und Abzüge über die Gebühren usw. des Postscheckamtes ist zur teilweisen Deckung dieser Ausgaben zu verwenden.

Für die vorstehenden sachlich mit Ziff. 7 Abs. I—IV der FMBek. (S. 65—67) übereinstimmenden Vorschriften sind auch die dort enthaltenen Anmerkungen 1—6 zutreffend mit der Maßgabe, daß die in reinen Parteisachen erwachsenen Postscheck-Zuschlagsgebühren gemäß Ziff. III bzw. XIII u. XIV der MBek. vom 14. Mai 1909 eine besondere Vormerkung in den Gebühren- oder Einzugsregistern nur dann bedingen, wenn ungedeckte Beträge in Frage stehen, denn bei einer glatten Begleichung von Hauptschuld einschließlich der Zuschlagsgebühr ist die Verrechnung letzterer durch das Gegenkonto ohne weiteres gesichert. (Vgl. hiezu die Erläuterungen zur Führung des Gegenkonto mit Mustereinträgen S. 102—106.)

Nr. 9.

Die Präsidenten der Oberlandesgerichte legen jährlich eine Zusammenstellung der Abschlüsse der Gegenkonten der gerichtlichen Kassen dem Staatsministerium der Justiz vor. Den Abschluß des Gegenkontos der Kasse des Obersten Landesgerichts legt der Präsident dieses Gerichtes vor.

Eine gleiche Anordnung ist in Ziff. 7 Abs. IV der Vorschriften für die Finanzkassen (Satz 2 S. 65) gegeben, während für die Behörden der innern Verwaltung sowie die Kassen der Unterrichtsanstalten eine solche Bestimmung nicht getroffen ist. Die Fertigung der Zusammenstellung, aus der die Höhe der einzelnen Kontoguthaben und die Beteiligung der staatlichen Kassen in ihrer Gesamtheit am Postüberweisungsverkehr zu ersehen ist, hat zur Voraussetzung, daß die Jahresabschlußsummen der Einzelnkonten (vgl. Nr. 8 Abs. 4) der vorgesetzten Stelle zur Anzeige gebracht werden.

Nr. 10.

1. Die rechnungsführenden Gerichtsschreiber haben am Kopfe ihrer Schreiben, Zahlungsaufforderungen, Quittungen usw. ersichtlich

zu machen, daß sie an den Post-Überweisungs- und Scheckverkehr angeschlossen sind; dabei sind die Kontonummer und das Postscheckamt anzugeben.

2. Die Vorstände der Gerichte und Strafanstalten bestimmen, ob solche Bezeichnungen auch bei anderen Schreiben anzubringen sind.

München, den 11. August 1910.

gez. von Pfaff. J. V. Staatsrat von Treutlein-Moerdes.

Die Vorschrift unter Nr. 10 deckt sich mit jener für die Finanzkassen Ziff. 4 Abs. I (S. 61). Bezüglich der Gebührenzuschläge nach Nr. 4 Abs. 3 gegenw. Bek. wird den Zahlungsaufforderungen der entsprechende Vordruck mit Ziffernvermerk beizufügen sein.

Nr. 48319.

Kgl. Staatsministerium der Justiz.

Bekanntmachung.

Den Vollzug der Notariatsgeschäftsordnung, hier die Förderung des bargeldlosen Zahlungsverkehrs betreffend.

(JustMBl. 1916 Nr. XVII Seite 94—97).

1. Die sämtlichen Notariate haben sich bei einem Postscheckamte ein Scheckkonto eröffnen zu lassen und zwar die Notariate in den Regierungsbezirken Oberbayern, Niederbayern und Schwaben bei dem Postscheckamte München, die Notariate in der Pfalz bei dem Postscheckamte Ludwigshafen a. Rh., die übrigen Notariate bei dem Postscheckamte Nürnberg. Die bei dem Postscheckamte einzuzahlende Stammeinlage von 50 Mark[1]) wird als Dienstaufwand im Sinne des Art. 3 des Notariatsabgabengesetzes angesehen.

Den Notariaten, an deren Amtssitz eine der in § 311 NotGeschO. zugelassenen Banken eine Niederlassung oder Zweigniederlassung hat, wird die Anschließung an den Scheckverkehr einer solchen Bank dringend empfohlen. Auch für andere Notariate erscheint die Anschließung an einen Bankscheckverkehr wünschenswert.

2. Die Notariate selbst haben den Scheckverkehr nach Möglichkeit auszunützen; sie werden in jedem Falle erwägen, ob eine Zahlung nicht auf bargeldlosem Wege vorgenommen werden kann, und unter Umständen sich bei gegebener Gelegenheit hierwegen auch mit dem Beteiligten ins Benehmen setzen.

1) Jetzt 25 ℳ; s. Anm. 1 auf S. 2.

3. An einen Empfangsberechtigten, der sich brieflich oder sonstwie als Inhaber eines Bank- oder Postscheckkontos bekennt, sollen Gelder grundsätzlich durch Überweisung auf das Konto übermittelt werden, soferne er nicht ausdrücklich etwas anderes verlangt oder Barzahlung aus besonderen Gründen veranlaßt ist.

Die Zahlung durch Scheck an eine andere Person ist wie bisher statthaft, wenn diese nicht widerspricht (§ 324 Abs. 2 NotGeschO.).

Will der Empfangsberechtigte den Betrag an einen Gläubiger, der Inhaber eines Bank- oder Postscheckkonto ist, abführen oder bei einer Sparkasse oder einer anderen an den Scheckverkehr angeschlossenen Kasse einlegen, so kann der Betrag mit Zustimmung des Empfangsberechtigten unmittelbar auf das Konto des Gläubigers oder der Kasse überwiesen werden.

An Kontoinhaber sind stets nur Verrechnungsschecks (Überweisungsschecks), die nicht bar eingelöst werden können, hinauszugeben. Schecks, die bar eingelöst werden können, dürfen, wenn sie nicht persönlich ausgehändigt werden, nur als Wertbriefe versendet werden.

4. Größere Geldbeträge können auch in bestätigten Reichsbankschecks ausgezahlt werden. Diese werden dem Notar von jeder Bank, der zu den Girokunden der Reichsbank zählt, zur Verfügung gestellt und sollen namentlich dann verwendet werden,

wenn das Notariat an einen Bankscheckverkehr nicht angeschlossen ist, der Empfangsberechtigte aber in der Lage ist, den Scheck bankmäßig zu verwerten, oder

wenn Beteiligte die vom Notar auf höhere Summen auszustellenden Schecks aus irgendwelchen Gründen nicht annehmen wollen.

Bestätigte Reichsbankschecks können auf jede beliebige Summe und bei einer Mehrzahl von Empfangsberechtigten, insbesondere auch von Drittberechtigten, auf die den einzelnen Berechtigten zukommende Teilbeträge ausgefertigt werden.

Wenn sich der Tag der Auszahlung im voraus nicht genau bestimmen läßt und demgemäß auf die mit dem Kapitale zu zahlenden Zinsen nicht genau berechnet werden können, empfiehlt es sich, bestätigte Schecks nur über die Kapitalsbeträge ausfertigen zu lassen, den Betrag der Zinsen aber bar auszuzahlen.

Zu beachten ist, daß bestätigte Reichsbankschecks nur bei der Reichsbankstelle zahlbar sind, welche die Schecks ausgestellt hat. Die Verpflichtung aus der Bestätigung erlischt, wenn der Scheck nicht binnen zehn Tagen nach der Ausstellung dem Bezogenen zur Zahlung am Zahlungsorte vorgelegt wird.

5. Wird den Beteiligten, die Inhaber eines Bank- oder Postscheckkontos sind, über die zu zahlenden Stempel, Gebühren (Staats- und Notariatsgebühren), Abgaben und Auslagen eine Rechnung zugestellt (§ 304 Abs. 1, 2 NotGeschO.), so sind sie zugleich aufzufordern, ihre Schuldigkeit durch Überweisung auf das Notariatskonto zu begleichen.

Andere Beteiligte können unter Beifügung einer Zahlkarte aufgefordert werden, die fälligen Beträge auf das Notariatskonto einzuzahlen.

6. Die mit Post- oder Zahlungsanweisung eingehenden oder durch Postauftrag oder Nachnahme eingezogenen Beträge können dem Postscheckkonto überwiesen werden (§ 4 PostscheckO. in der Fassung der Bekanntmachung vom 8. November 1916 (GVBl. S. 485).

7. Die im Postscheckverkehr anfallenden Einzahlungs-, Überweisungs- und Abhebungsgebühren können in jedem Falle sofort in Rechnung gestellt werden. Die Nachholung geringfügiger Fehlbeträge soll unterbleiben, wie auch von der Rückzahlung eines von einem Beteiligten versehentlich zu viel gezahlten geringfügigen Mehrbetrags abgesehen werden kann.

8. Privatgelder des Notars, die irrtümlich auf ein Notariatskonto eingezahlt oder überwiesen wurden, soll der Notar, wie bisher, binnen einer Woche abheben. Dagegen können Stempel, Gebühren (Staats- und Notariatsgebühren), Abgaben und Auslagen und alle sonstigen Gelder, deren Einzahlung oder Überweisung für den Notar als Inhaber des Notariats erfolgt ist, auf dem Konto so lange verrechnet bleiben, bis deren Abhebung veranlaßt ist. Vorausgesetzt wird jedoch, daß der Notar für diese Gelder ein besonderes Kontobuch führt, das als Kontobuch für die nicht amtlich verwahrten Gelder zu bezeichnen ist.

Für die Überweisung der Stempel, Gebühren und Abgaben an das Rentamt bleiben die Vorschriften der Bekanntmachungen vom 20. Juni 1915 zum Vollzuge des Reichsgerichtskostengesetzes und des Kostengesetzes (Nr. 37, 38) und zum Vollzuge des Stempelgesetzes (Nr. 68) (GVBl. S. 156 ff.) sowie die Vorschriften des § 328 Abs. 2 NotGeschO. vom 30. Oktober 1913 (JMBl. S. 231) aufrecht erhalten.

München, den 24. Dezember 1916.

gez. von Thelemann.

Nach FME. vom 17. Januar 1917 (Nachtrag S. 107/108) können Notariate den Betrag ihrer Ablieferungsschuldigkeit von ihrem Postscheckkonto auf das Postscheckkonto der empfangenden Kasse überweisen. (Vgl. hiezu Anmerkung zu Nr. 3 der Vorschriften für die Gerichte S. 93.)

F.

Postscheck-Gegenkonto.

In den folgenden Erläuterungen sind die in Ziff. 7 der Finanz-Ministerialbekanntmachung vom 17. August 1909 (S. 65), dann die in Ziff. 6 der Vorschriften für Behörden der inneren Verwaltung sowie für die Unterrichts- usw. Anstalten (S. 85/86), ferner die in Nr. 8 der Justiz-Ministerial-Bekanntmachung vom 11. August 1910 (S. 97/98) in bezug auf Form und Zweckbestimmung gleichheitlich gegebenen Vorschriften berücksichtigt:

1. Im „Gegenkonto" kommen nur die das Postscheckkonto der Kasse berührenden Geldmanipulationen zum Vortrage; es erscheinen daher dort beispielsweise nicht die Einzahlungen vermittelst Zahlkarte auf das Postscheckkonto eines Dritten.

Von den durch Einzahlungen und Rückzahlungen eintretenden Änderungen des Postscheck-Guthabens wird jeder Kontoinhaber durch das Postscheckamt benachrichtigt. Über die berechneten Gebühren werden für jedes Kontoblatt Gebührenzettel zugefertigt, deren für die abgelaufene Zeit berechneter Betrag in Rubrik 6 und 7 einzustellen ist. (Vgl. Anm. zu § 10 PSchO. S. 24/25.)

Den jeweiligen Stand des Kontoguthabens erhält man dadurch, daß man zum letzten „Stand des Guthabens", wie ihn die letzte Rubrik der vorausstehenden Zeile ausweist, auf der Linie, auf welcher eine Kontoauszugnummer gebucht wird, die Ziffer der Rubrik 3 hinzuzählt, und die Ziffer der Rubrik 7 abzieht. Ein „Abschluß des Gegenkontos" ist sohin für die Feststellung des Gesamtkassenbestandes nicht erforderlich, da das einen Teil des letzteren bildende Guthaben auf dem Postscheckkonto jederzeit aus der letzten Rubrik des Gegenkontos ersichtlich ist.

2. Als in den Kassebüchern vereinnahmter Betrag (Rubrik 4) ist — soweit es sich um Teilzahlungen von geschuldeten Gefällen handelt — die Differenz zwischen den Ziffern der Rubriken 3 und 5 vorzutragen; ein etwaiger Fehlbetrag für Gebührenzuschläge (Ziff. 3 Abs. II der FMBek. vom 17. August 1909 S. 58) würde demnach in dem entsprechend höheren Restbetrag des Gefälles zum Ausdrucke kommen und bei der nächsten oder Restzahlung mit zu begleichen sein. Anders verhält es sich, wenn die Gefällsschuldigkeit ganz gedeckt erscheint, der Gebührenzuschlag aber nicht oder nur zum Teil mit beglichen wurde. Aus der den Ämtern und Kassen nach Ziff. 3 Abs. III der FMBek. (S. 58/59), dann Ziff. 4 Abs. II der Vorschriften für innere Verwaltung (S. 84) und Nr. 4 Abs. 4 der JustizMBek. (S. 95) eingeräumten Befugnis ergibt sich, daß in solchen Fällen nur der abzüglich der vollen Gefällsschuldigkeit verbleibende Betrag als Gebührenzuschlag in Rubrik 5 einzustellen ist, gleichwie auch eine vorliegende Mehrzahlung durch Einstellung der erhöhten Zuschlagsgebühr in gleicher Rubrik 5 zunächst festzuhalten sein würde. Findet keine Nachforderung oder Rückvergütung auf die Zuschlagsgebühr statt, so ist die Sache als auf

Buchung und Kasse einflußlos erledigt; ebenso bleibt der Eintrag im Postscheck-Gegenkonto unberührt, wenn die etwa nachgeforderten oder zurückvergüteten Gebührenzuschläge unmittelbar in dem nach Ziff. 3 der FMBek. vom 14. Mai 1909 (FMBl. S. 423) vorgeschriebenen Postgebührenverzeichnis durchgeführt werden.

3. Als in den Kassebüchern verausgabter Betrag (Rubrik 8) kommt nicht die Ziffer, auf welche der Postscheck bzw. die Überweisung lautet, sondern der zuzüglich des in Rubrik 5 einzusetzenden Gebührenzuschlages wirklich verausgabte und vom Geldempfänger zu bescheinigende Betrag zur Einstellung. Durch die Zusollstellung des Gebührenzuschlages bleibt die mittels Abgleichung von Rubrik 5 u. 6 am Jahresschluß erfolgende Vereinnahmung des einbehaltenen Betrages gesichert.

Bei Abhebung eines Betrages mittels Postscheck für Gutschrift auf das eigene Bankgirokonto oder jenes der Kreiskasse kommt selbstverständlich ein Gebührenzuschlag in Rubrik 5 nicht in Ansatz, obwohl vom Postscheckamte die nach § 6 Abs. VII PSchO. zu berechnende Gebühr für Rubrik 6 durch Lastschrift in Rubrik 7 anzurechnen ist. Die Deckung hiefür ist in den Gebührenzuschlägen der Zahlungspflichtigen mit inbegriffen. Da bei Abhebung solcher Postscheckbeträge durch die K. Bank deren Postscheckkonto unberührt bleibt bzw. wenn die Bank den zweiten Weg des Schlußsatzes von Ziff. 5 Abs. III der FMBek. (S. 62) wählt, die ihren Postscheckkontoposten zur Last fallende Gebühr nach § 2 Ziff. XIII PSchO. selbst zu tragen hätte, so kann auch von dieser ein Gebührenzuschlag nicht abgezogen werden; die Gutschrift im Bankgirokonto hat sich daher mit dem Eintrag im Postscheckkonto (Rubrik 7) zu decken.

4. Die in den Rubriken 4 und 8 des Gegenkontos vorgetragenen Einnahmen und Ausgaben werden bei den Rentämtern in den Subjournalen und Kassabüchern gebucht, beeinflussen sohin das Kassa-Soll des die Tagebücher führenden Handkassenbeamten, ohne zugleich seinen Kassenbestand irgendwie zu berühren. Die bezüglichen Einnahmen müssen daher im Bescheinigungs- und Abrechnungsbuche sofort berichtigungsweise wieder verausgabt oder zwecks Absetzung am subjournalisierten Gesamtbetrage in besonderer Aufschreibung festgehalten werden. Hinwieder sind die vom Handkassenbeamten in den Zahlungslisten und im Tagebuche durchgeführten Belastungen des amtlichen Postscheckkontos, da durch selbe sein Handkassenbestand nicht vermindert wird, je zugleich als einnahmliche Berichtigungsposten im Abrechnungs- und Bescheinigungsbuche zu behandeln oder bei der Zusammenstellung der Ausgaben für das Gesamtkassensoll außer Berücksichtigung zu lassen.

Kurz gesagt sind demgemäß für die Abrechnungen des betreffenden Handkassenbeamten die Gutschriften als Abschlagslieferung, die Lastschriften aber als Vorschußempfang anzurechnen.

5. Die Einzahlung der Stammeinlage, die späteren Kontoverstärkungen und die Rücknahmen von Postguthaben zum eigenen Kassabestand sind in der rentamtlichen Kassastrazze und in den Rubriken 3 und 7 des Postscheck-Gegenkontos durchzuführen; auch empfiehlt sich ein bezüglicher Vortrag in den Rubriken 4 und 8 des Gegenkontos — in den Kassabüchern vereinnahmter und verausgabter Betrag —, obwohl hier keine wirklichen Einnahmen und Ausgaben der Zahlkasse in Frage stehen. Die bezüglichen Einträge in der Kassastrazze und im Gegenkonto

haben hinsichtlich der Einzahlungen auf das Postkonto gleichzeitig mit der Geldabsendung und hinsichtlich der Barabhebungen nach Empfang des Geldbetrages zu erfolgen. Man vergleiche Dienstanw. über den Geldvermittlungsverkehr zwischen den Rentämtern und der Kgl. Bank § 3 Abs. 1 und § 7 Abs. 5 (FMBl. 1909 S. 315 ff.).

Die Abführung vom Postscheckkonto auf das Konto der vorgesetzten Kasse ist als „Lieferung" im Tagebuch und Hauptbuch vorzutragen; die einschlägige Belastung des Gesamtkassabestandes erfolgt in Rubrik 7 des Postscheckgegenkonto, während die Rubrik 8 zugleich die eine Ausgabe des Amtes darstellende „Lieferung" auszuweisen hat.

6. Erstmals und beim Übertrage auf das folgende Jahr kommt die Stammeinlage in dem in Rubrik 3 gegen 4 eingestellten Mehrbetrage zum Ausdrucke. Die Abminderung von ursprünglich 100 ℳ auf 50 ℳ (oder jetzt 25 ℳ) bedingt demnach, sobald sie berücksichtigt werden will, den Eintrag von 50 ℳ (bzw. 75 ℳ) in Rubrik 4, obgleich die Zuführung des gleichen Betrags in die Kassestrazze hiefür nicht gegeben erscheint. Dagegen erfordert die erstmals mit der Stammeinlage erfolgende Zahlung der Formularkosten, falls diese nicht sogleich buchmäßig verausgabt werden (hier würde der Eintrag des Kostenbetrags auch in Rubrik 8 stattzufinden haben), nicht nur der Eintrag in Rubrik 3, dem jener in Rubrik 7 gegenübersteht, sondern es hätte der strazzemäßig mitverausgabte Betrag, weil für die Belastung in Rubrik 6 (vgl. Mustereintrag Nr. 1) ein Ausgleich gegeben sein soll, auch in Rubrik 4 in Vortrag zu erscheinen.

Soll die vorgesehene Summierung von Rubrik 4 und 8 dem Zwecke der möglichen Abgleichung dienlich sein, so ist es notwendig, daß auch solche Posten, die nur die Kassestrazze berühren oder das Bankgiroguthaben beeinflussen, soferne damit gleichzeitig eine Änderung des Postscheckkontobestandes bewirkt wird, als gebucht (Rubrik 4 und 8) eingestellt werden.

Wird das Gegenkonto unter Beachtung dieser Regeln geführt, so ergibt nicht nur jeweils die Summe von Rubrik 3 abzüglich der Lastschriften in Rubrik 7 das in Rubrik 9 ausgewiesene Guthaben, sondern es muß die Verprobung der Einträge in den Rubriken 4 und 8 bzw. 5 und 6 auch deren Richtigkeit ergeben, und zwar derart, daß der Minderbetrag (abzüglich Stammeinlage) zwischen Rubrik 3 und 4 sowie jener zwischen Rubrik 7 und 8 (d. s. 2 ℳ 10 Pf. u. 4 ℳ 61 Pf.) gegenseitig abgeglichen den gleichen Betrag, der dem Mehr oder Minder von Rubrik 5 und 6 entspricht (d. s. 2 ℳ 51 Pf.) aufzuweisen hat.

7. Gegenüber den zahlungspflichtigen und empfangsberechtigten **Dritten** kommen folgende Gebühren zur Erhebung:

Im Falle der **Bareinzahlung** durch einen Pflichtigen auf das Postscheckkonto des Amtes belastet die Post das Konto der empfangenden Kasse mit der Gutschriftsgebühr von 5 Pf. für Beträge bis zu 25 ℳ und 10 Pf. für Beträge von mehr als 25 ℳ (§ 2 Abs. XIII PSchO.). Das Amt aber erhebt vom Einzahlenden 5 Pf. festen Betrag sowie weitere 10 Pf. auf je 500 ℳ oder einen Teil dieser Summe; bei Summen, welche 10 ℳ nicht übersteigen, im ganzen nur 10 Pf. Im Falle der **Übertragung durch einen Zahlungspflichtigen** auf das Postscheckkonto des Amtes belastet die

Post das Konto, von dem die Abschreibung erfolgt, d. h. des übertragenden mit je 3 Pf. Übertragungsgebühr (§ 6 Ziff. VII b PSchO.); das Amt erhebt außerdem noch einen festen Betrag von 5 Pf. sowie weitere 5 Pf. von je 500 ℳ der übertragenen Summe, oder einem Teile dieser 500 ℳ. Im Falle der Überweisung vom Konto eines Amtes bzw. einer Kasse auf das Konto eines Dritten belastet die Post das Konto der überweisenden Kasse, von dem die Abschreibung erfolgt, mit 3 Pf. Übertragungsgebühr; das Amt aber — die Kasse — erhebt vom empfangenden Kontoinhaber, soferne diesem nicht Portofreiheit zusteht, durch Abzug von der zu übertragenden Summe einen festen Betrag von 5 Pf.

Bei Zahlungen mittels Postschecks aus dem amtlichen Kontoguthaben zugunsten eines Dritten ist für Zahlungsanweisungen bis zu 500 ℳ der Betrag von 10 Pf., bis zu 1000 ℳ = 15 Pfg., bis zu 1500 ℳ = 20 Pf. usw. abzuziehen. Die Post bringt nach § 6 Abs. VII a PSchO. dem Auftraggeber für jede Auszahlung eine feste Gebühr von 5 Pf. und außerdem eine Steigerungsgebühr von $^1/_{10}$ vom Tausend (also für 12 000 ℳ z. B. 1 ℳ 25 Pf.; für 300 ℳ 8 Pf.) in Anrechnung. (Vgl. Ziff. 3 Abs. 2 gegenständiger Erläuterungen.) Die im Verkehr mit der K. Bank nach Ziff. 4 der FME. vom 17. Januar 1917 anfallenden Gebühren sind auf die Postscheck-Gegenkontoführung einflußlos.

8. Die Gebührnisse, welche von den an den Postscheck- und Überweisungsverkehr angeschlossenen Kassen und Ämtern den Kassenkunden aufgerechnet werden, werden in Rubrik 5 von Fall zu Fall angerechnet, wogegen die vom Postscheckamte den Kassen und Ämtern je nach Ausschreibung eines Kontoblattes berechneten und zur Last geschriebenen Postgebühren bei diesen Kassen und Ämtern in den Rubriken 6 und 7 des Postscheck-Gegenkontos zu Buch gebracht werden. Die Buchung dieser scheckamtlichen Gebühren erfolgt nach Einlauf der gleichzeitig mit der Lastschriftbenachrichtigung zugefertigten Gebührenzettel (§ 10 Abs. I PSchO.).

Bei den Gutschriften zu Nr. 1—5, 10 u. 12 handelt es sich um Einzahlungen mittels Zahlkarte; bei Nr. 8 u. 11 um Überweisungen von anderen Postscheckkonten. Nr. 6 bezieht sich auf eine mittels Postscheck erfolgte Abhebung zugunsten des eigenen Bankgirokontos; bei Nr. 9 dagegen wurden durch einen auf die Kreiskasse lautenden Postscheck für eine Gefällslieferung 4400 ℳ abgehoben und deren Bankgirokonto gutgeschrieben. Die Lastschriften unter Nr. 4, 13 u. 14 sind Überweisungen und zwar Nr. 14 in drei Posten auf andere Postscheckkonten. Nr. 7 bezieht sich auf den nachgeforderten und mittels Zahlkarte beglichenen Gebührenzuschlag zu Nr. 5. Zu Nr. 8 würde der Gebührenzuschlag nur 40 Pf. betragen haben; zu Nr. 12 sind dagegen 15 Pf. Zuschlag nicht mit eingezahlt worden. Unter Nr. 1, 3 u. 15 sind Kosten für Vordrucke bzw. Postgebühren zur Last geschrieben.*

Mustereinträge für das Postscheck-Gegenkonto.

Gutschriften										Lastschriften					
1	2	3		4		5		6		7		8		9	
Tag	Konto-Auszug Nr.	Vom Postscheckamte gutgeschriebener Betrag		In den Kassebüchern (Registern) vereinnahmter Betrag		Von den Zahlungspflichtigen eingezahlte oder überwiesene und den Zahlungsempfängern abgezogene Beträge für Postgebühren		Vom Postscheckamt aufgerechnete Beträge an Gebühren		Vom Postscheckamte zur Last geschriebener Betrag		In den Kassebüchern (Registern) verausgabter Betrag		Stand des Guthaben	
1916		ℳ	₰	ℳ	₰	ℳ	₰	ℳ	₰	ℳ	₰	ℳ	₰	ℳ	₰
1. Sept.	*1*	*100*	*75*	—	*75*	—	—	—	*75*	—	*75*	—	—	*100*	—
2. „	*2*	*13*	*35*	*13*	*20*	—	*15*	—	—	—	—	—	—	*113*	*35*
3. „	*3*	*107*	*25*	*107*	*10*	—	*15*	*2*	*40*	*2*	*40*	—	—	*218*	*20*
4. „	*4*	*209*	*75*	*209*	*60*	—	*20*	—	—	*208*	*20*	*208*	*25*	*219*	*75*
8 „	*5*	*3200*	—	*3200*	—	—	—	—	—	—	—	—	—	*3419*	*75*
10. „	*6*	—	—	—	—	—	—	—	—	*2000*	—	*2000*	—	*1419*	*75*
12. „	*7*	—	*75*	—	—	—	*75*	—	—	—	—	—	—	*1420*	*50*
15. „	*8*	*3300*	*50*	*3300*	—	—	*50*	—	—	—	—	—	—	*4721*	—
17. „	*9*	—	—	—	—	—	—	—	—	*4400*	—	*4400*	—	*321*	—
25. „	*10*	*600*	*25*	*600*	—	—	*25*	—	—	—	—	—	—	*901*	*25*
2 Oktbr.	*11*	*600*	*15*	*600*	—	—	*15*	—	—	—	—	—	—	*1521*	*40*
5. „	*12*	*115*	*50*	*115*	*50*	—	—	—	—	—	—	—	—	*1636*	*90*
7. Novbr.	*13*	—	—	—	—	—	*05*	—	—	*669*	*95*	*670*	—	*966*	*95*
20 Dezbr.	*14*	—	—	—	—	—	*15*	—	—	*415*	—	*415*	*15*	*551*	*95*
5. Januar	*15*	—	—	—	—	—	—	**1*	*71*	*1*	*71*	—	—	*550*	*24*
Stammeinlage	*Minderung*	—	—	*50*	—	—	—	—	—	—		—	—	—	—
Summa		*8248*	*25*	*8190*	*15*	*2*	*35*	*4*	*86*	*7698*	*01*	*7693*	*40*	*550*	*24*
								2	*35*						
1917								*2*	*51*						
Übertrag		*550*	*24*	*500*	*24*	—	—	—	—	—	—	—	—	*550*	*24*

* Letztere stellen sich aus Nr. 1 = 10 Pf., Nr 2 = 5 Pf., Nr. 3 = 10 Pf., Nr. 4 = 10 und 3 Pf., Nr. 5 = 10 Pf., Nr. 6 = 25 Pf., Nr. 7 = 5 Pf., Nr. 8 = 3 Pf., Nr. 9 = 55 Pf. Nr. 10 = 10 Pf., Nr. 11 = 3 Pf., Nr 12 = 10 Pf., Nr. 13 = 3 Pf. und Nr. 14 = 9 Pf. zusammen.

Nachtrag.

Nr. 94.

K. Staatsministerium der Finanzen.

An die sämtlichen dem K. Staatsministerium der Finanzen unterstellten Ämter und Kassen.

(FMBl. 1917 Nr. 3 Seite 13—15.)

Einzahlungen auf die Konten der an den Giroverkehr der K. Bank angeschlossenen Ämter und Kassen im Postscheckverkehr betr.

1. In teilweiser Abänderung der Bestimmungen in Ziff. 2 II und 5 III der Bek. vom 17. August 1909 (FMBl. S. 561) wird nachstehendes verfügt:

2. Bareinzahlungen der an den Giroverkehr der K. Bank angeschlossenen, nicht am Sitze einer K. Bankanstalt befindlichen Ämter und Kassen der Finanzverwaltung auf ihr Konto bei der K. Bank sind künftig nicht mehr mittels Wertbriefs, sondern mittels Zahlkarte auf das Postscheckkonto der das Girokonto führenden Bankanstalt zu leisten. Ferner hat künftig die Übertragung der Postscheckguthaben dieser Ämter und Kassen auch ihr Girokonto bei der K. Bank nicht mehr durch Ausstellung eines Inhaberschecks auf das Postscheckamt, sondern durch Überweisung auf das Postscheckkonto der betreffenden Bankanstalt zu erfolgen. Als Mitteilung an die K. Bankanstalt im Sinne des § 4 Ziff. 1 der Dienstanweisung über den Geldvermittlungsverkehr zwischen den Rentämtern, an deren Sitz sich keine K. Bankanstalt befindet, und der K. Bank genügt die Angabe auf dem Abschnitte der Zahlkarte oder der Überweisung, daß der eingezahlte oder überwiesene Betrag dem eigenen Konto der einzahlenden oder überweisenden Kasse bei der K. Bank gutgeschrieben werden soll. Die Überweisungen sind in Briefen ohne Wertangabe an das Postscheckamt zu übersenden, welches das Konto des überweisenden Amts führt.

3. Ämter, deren Kassen der Finanzverwaltung Geldbeträge abzuliefern haben, insbesondere Notariate und Gerichtsschreibereien, können von nun an den Betrag ihrer Ablieferungsschuldigkeit von ihrem Postscheckkonto auf das Postscheckkonto der empfangenden Kasse überweisen und, soweit sie sich nicht am Sitze dieser Kasse befinden, auch mittels Zahlkarte auf das Postscheckkonto dieser Kasse einzahlen.

4. Die K. Bankanstalten werden den Ämtern und Kassen für jede Einzahlung mittels Zahlkarte und für jede Übertragung auf ihr Postscheckkonto eine Gebühr von $^1/_{20}$ ‰ und zwar 5 Pfg. für jedes angefangene Tausend, mindestens aber 10 Pfg. aufrechnen und diese Gebühren halbjährig bei den Ämtern und Kassen anfordern. Diese haben die aufgerechneten Beträge auf ihre Richtigkeit zu prüfen und sie sodann unter Kapitel 2 § 8 (übrige Ausgaben) des Etats des K. Staatsministeriums der Finanzen (die Zollbehörden unter Kapitel 16 — übrige Ausgaben — des Etats der Verwaltung der Zölle und indirekten Steuern) nach Anfall zu verrechnen. Für Einzahlungen und Überweisungen von Ablieferungsschuldigkeiten anderer Ämter auf die Postscheckkonten der Kassen der Finanzverwaltung sind den Ämtern Kosten nicht aufzurechnen.

5. Die auf den Postscheckkonten über die Stammeinlage hinaus sich ansammelnden Guthaben haben die Ämter und Kassen der Finanzverwaltung jedenfalls, sobald sie den Betrag von 1000 Mk. erreichen, sofort auch ihr Girokonto bei der K. Bank zu überweisen, falls sie diesen Betrag nicht sogleich zur Verstärkung ihres Kassebestandes abheben müssen oder ihn voraussichtlich nicht schon in den nächsten Tagen zu Auszahlungen oder Überweisungen im Wege des Postscheckverkehrs benötigen.

München, den 17. Januar 1917.

von Breunig.

Alphabetisches Sachregister.

(Die Zahlen bedeuten die Seiten.)

W.

Z.

FSC
www.fsc.org
MIX
Papier | Fördert gute Waldnutzung
FSC® C083411

Kolibri 360 GmbH
Ferdinand-Jühlke-Straße 7
99095 Erfurt, Deutschland
produktsicherheit@kolibri360.de